JN001955

勝負できる思考と体を作る
ビジネスの本質

守谷雄司

幻冬舎

はじめに

私は長年、人材育成の仕事をしてきて、断言できることがあります。

それは、どんなことも、「自分でやる」という意欲がなければ問題解決はできない、ということ。

ですから、時には「1人でやれ」と自分で自分を突き放すことも必要です。

人生はしょせん闘いです。

闘いの一番最初の相手が自分自身であり、だからこそ、苦しみや悩みと真正面から向き合い、その正体を突き止める勇気が大切なのです。

問題解決の主人公はあくまで自分と考え、臆せず行動しましょう。必ず結果が出ます。

不安は、行動によってのみ解決されるのです。とりあえず、「できることから、できるところまで」やってみる気概が大切になります。

「そういう頑張りが良くない」と優しさを売り物にする（失礼！）先生方の、「今のままでいい」「無理するな」といった甘い言葉を、どうか鵜呑みにしないで下さい。「自助努力」「自力本願」をキーワードに、自分の身は自分で守る強い意志を持ちましょう。

何もしないことが最大のリスクなのです。後先ばかり考えて行動せずにいたら、人生なんてすぐに終わっちゃいます。

社会人であるなら、リーダーシップも積極的に取ることが必要となってきます。憎まれようが批判されようが、部下の顔色をうかがったりせずに自己の信念を貫き通すリーダーが理想だと私は考えます。

リーダーには、物わかりの良さよりも、部下が「さすが！」と唸るような権威が必要です。愛想笑いよりも、「ついてこい！」と言える人心掌握力が大切だと思います。単なる業務上の指導だけでなく、道義や社会規範を諭す責務もあるでしょう。

社会運動家の賀川豊彦はこう言っています。

「子供には叱られる権利がある。大人には叱る責任がある」

「部下は子供ではない」と言われそうですが、少なくとも**リーダーは、断固として大人であるべき**です。

青春時代に愛読した作家、武者小路実篤に、こんな言葉があります。

「私の選んだこの生き方こそが、私を生かしてくれる道ではないか。あれこれ迷わず、この選んだ人生をしっかりと励み、前進していこうではないか」

皆さんも好きな仕事を見つけ、夢中になって前進して下さい。

一度きりの人生です。熱くなって生きたほうが楽しいに決まってます。人生は攻めている限り、熱くなるのです。

どうか恥をかくことを恐れないで下さい。恥を恐れて行動や発想を委縮させてはなりません。**委縮は人生を貧しくします。**「人は、人に笑われてから成長する」の気持ちで歩み続けましょう。

私は生きていく限り、いや現役であり続ける限り、「できる」「やってみる」「あきらめない」の強気な言葉をキーワードに、「頭と心と体」を鍛錬する準備を怠ってはいけないと覚悟を決めています。

「一生懸命の鍛練は爽やかな疲労感なり」を実践しております。

そうです。生涯一職の心境なのです。

人生も仕事も闘いの連続です。それは戦場と言ってもよいでしょう。その戦場で活躍し生き延びるために必要なものが「勝負できる思考と体」です。仕事に必要なのは知力であり、それを支えているのは体力です。

それらを身につけるには、**ビジネスパーソンとしての「基本」に立ち返り、仕事の「王道」に勇気を持って向き合うことです。**基本を押さえずに新しいものばかりを追いかけ回してもメッキはすぐ剥(は)げてしまいます。

基本を身につけるということは、仕事のみならず人格形成の根っこの部分も強化するということとです。根がいい加減では枝も成長せず花も咲かないでしょう。

本書を通して基本の重要性を繰り返し述べたのは、これさえあれば、これからの人生においてどんなところでも闘える力になると信ずるからです。〝今さら基本なんて〟と馬鹿にしてはいけません。**変革の時代である今だからこそ、きちんと足場を固めていくことが必要です。**

「あの人はプロだ」「あの人の活躍はすばらしい」と言われる人に共通していることは、情報に惑わされず自分の意志を持っていること。そして、それを貫き通す強さを持ち、物事の基本を知り、基本を学び基本を活用できていることです。

基本を軽視せずに徹底してやり抜くことで、あなたは〝すごい人〟という評価が得られるのです。本書をお読みいただき、そんな人になってほしいというのが私の切なる願いでもあります。

ところで、本書はもともと男性ファッション誌「ＳＥＮＳＥ」に連載した「男のリーダーシップ」をまとめたものです。そちらでは主に男性読者向けに書いていましたが、今回書籍化するにあたり、男女分け隔てなくビジネスに従事するすべての人にお読みいただけるようにとの思いから、加筆修正いたしました。なお、第4章は、若干男性諸氏に向けて書かせていただいたことをご了承下さい。

最後に、皆さんのビジネス人生に幸多かれ、と願ってやみません。

２０２１年４月　守谷雄司

目次

第2章 君よ、言葉の力をもっと味方につけよ。

第6章 君よ、さらにオトナの領域を目指せ。

第1章

君よ、部下を甘やかすことなく育てよ。

社会人生活をしていれば、必ず「リーダー」という立場を任される時がくる。いざその立場になった時、リーダーとして部下や新入社員をどう鍛え、育てるべきか？

私は最近のリーダーと名のつく人たちに、ズバリこう申し上げたい。

「部下から『いい人』と言われたい願望は、今すぐお捨てなさい。ついでに、嫌われることを恐れて笑顔を振りまくだけの卑屈な態度もおやめなさい」

こんな無礼千万な言い方をしたのは、どうにも頼りなく、遠慮がちに見えるリーダーが多いからだ。

たとえば、部下指導の研修に参加するリーダーたちは、よくこんな言葉を口にする。「叱ることはパワハラにつながる」「部下を平等に扱うのが信頼されるコツ」「指示・命令する前にまず話し合う」など。

これでは、「リーダーは、自分を極力前面に出さず、何事も部下殿のご機嫌伺いをしてから」と言っているのと同じことだ。リーダーとしての本音の覚悟や、自分自身の指導論が微塵もない。

本気で部下を鍛え、育てようと考えるのなら、リーダーはもっとビシッと指示・命令をしていい。褒めるよりも叱れ。強制することがあっても構わない。「自分で考えろ！」と突き放したって結構だ。

「君の態度は○○の理由で、断固許すわけにはゆかない。だから、こう変えていくよ」と、部下の反発や抵抗なんぞ覚悟の上で厳しくしつけ、指導することが必要だ。

それで嫌われても、いいではないか。「好き嫌いは自由。しかし、君は部下という立場だ。上司である私の話に耳を傾け、最終的には従う。それが君の義務である」と一喝すればいい。

リーダーは大人である。下の者に対して、やらせるべき時はやらせる非寛容の精神を発揮するべき時もある。

上司も部下もぶつかるのを恐れ、本音を隠して表面的にわかり合えたふりをする「信頼ごっこ」は、いい加減やめにしよう。

リーダーは、未熟な人間の言い訳を聞くな、おだてるな、おもねるな。

人を指導することは、自分の生きる姿勢を確立することだ。プロは自分に厳しいということを身をもって示そう。怖いけれど頼りにされるリーダーになろうではないか。

　こんな話がある。

　営業部に配属されて1年目の社員が、得意先の注文をライバルに奪われてしまった。「自分のせいだ」と猛烈に反省し、「謝るしかない」と覚悟を決めて帰社したが、会社の敷居がいつもより高く感じる。エレベーターを使う気にもなれず、10階まで階段を一気に駆け上がった。額には大粒の汗。激しい息づかいのまま事情を説明して、「申し訳ありませんでした！」と頭を下げた。すると、意外にも上司は、こう言ったという。

「まず、汗を拭きなさい」

　つまり、この上司は、心から反省している部下の姿を見て、叱る必要がないことを感得したのである。

　本気で仕事に向き合う部下と、真剣に部下指導をしている上司の間には、こんな理想的とも言える阿吽の呼吸、以心伝心がつくられるのだ。

　そういう関係になってほしいと私は願う。

1 できるリーダーは時に非情。あえて苦しい体験を部下に与えてやれ。

理屈は後でいい！

まずズバリ言う。**リーダーが新入社員や部下を教育する時、そこには、ある種の強制があって当たり前**である。なぜなら、企業や社会の「〜らしくなってほしい」という期待に応えていくのが人間の義務であり使命であると思うからだ。

自主性なんてものに期待していたら、自分勝手な人間が増えるだけ。私の合宿研修では、新入社員に恐るべき強制教育を実施する。決して地獄の特訓的なものではないが、読者諸氏のご叱責は覚悟の上で、実践例を紹介してみよう。

❶ 早朝からの体力訓練を強制する

早朝6時30分からのトレーニングだ。ある時、2人の遅刻者が出た。私は即刻「自分たちで決めたルールを自ら破った2人、前に出てみんなに挨拶せよ」と命じた。彼らは蚊の鳴くような声で「どうも」と、ピョコンと頭を垂れた。ここで私の怒りが爆発。もう一度、「私の自己管理が徹底せず、皆さんにご迷惑をおかけしました！」と頭を下げさせる。

新人研修の第一の狙いは、自分中心の学生脳から、相手中心のビジネス脳へ切り換えさせることにある。だから、自分の怠慢で他人の時間を奪い取る無礼は断固、許されない。また、ルールを守れない人間には、情状酌量の余地もないのである。

ところが、この熾烈（しれつ）な現場（!?）を目の当たりにした研修事務局のEさん（35歳）が、「今どきの新人に早朝訓練は無理なのでしょうか」と不安げな表情をする。これはいけない。今度はEさんを一喝！

「Eさん、指導とは相手のペースに合わせることばかりではありません。相手のレベルをこちらの期待レベルに引き上げることが大事なんです。**よき人材に育てたいと思うなら、つらいこと、慣れないことでもあえて体験させる。**私たち自身が、そういう信念を持って臨まないと。ここで同情したら、学生時代のダラダラした生活習慣に逆戻りするだけです」とお伝えした。

やさしいことから難しいことへ、時間をかけて新しい生活習慣を身につけさせる方法も確かにある。

だが、一気呵成に身をもってわからせることも必要だ。**「不安は行動によってのみ解決される」「体験に勝る学習なし」**である。

私は新人たちにこう呼びかける。

「この2泊3日は、君たちが真の社会人に生まれ変われるチャンスだ。ここで変わらなければ明日はない。変わるべき時期に変わるべき自分へ変わるための努力をせよ！」と。「つらいだろうが、早朝に起きてみろ。私たち講師、事務局が1分でも遅刻したら、その時点で研修は終わりにしてよいと約束するよ。とにかく一緒に体験してみよう！」と。

批評されたらまず「ありがとうございます」

コーチングの先生などからはご批判を受けそうだが、私の信念にはいささかの迷いもない。**理屈を言う前にまず、彼らの感情を呼び起こすことが大事**だと考えているからだ。**「教育とは衝撃なり」**である。衝撃を受けることが自己に目覚めることであり、その感情に克己心の訓練を結びつけたい。

「かわいい子は棒で育てよ」とはスウェーデンの女性思想家エレン・ケイの言葉だ。かつては木の棒だったかもしれないが、今日は心の棒で育てるのである。

❷あえて恥かき体験を強制する

新人に限らず、管理者や幹部社員にも、3分間の「イキイキスピーチ訓練」をさせる。だが、受講生にとっては、スピーチなどイキイキどころかヘキエキもいいところのようで、最初に「したい方は自主的に前へどうぞ」と促しても、応じるのは30名中2～3人という惨憺たるありさまだ。

「じゃあ、人前で話ができるようになりたい人は？」と聞くと、ほぼ全員が手を挙げる。そこで私は、「では、皆さんの自主性には期待しないで、**『そうなりたい自分』から、『それができる自分』になれるよう、お手伝いします**」と何名かを強制的に指名する。

指名されてうなだれたり、不満を示したりする者には、一喝。「話ができるようになりたいと言うから、それが実現可能な場を用意した。話ができるようにはなりたいが、恥はかきたくない？　そんな都合のいいことを言ってる場合か！」。

これでようやく何人かが前に出る。そこで私は注文を出す。「人の顔をきちんと見て、ハッキリした声で、姿勢正しく、身振り手振りを使って、自分の意思や感情を明確に述べよ」（話す姿勢の基本である）。

さらに、スピーチが終わったら、他の受講生にこう言って酷評させる。「さしさわりのないお世辞でなく、正直に批評せよ！　相手のためになるならきつい言葉でもいい」。

スピーチした受講生には、こう言う。「**厳しい批評をされている時ほど、『自分を改善するためのありがたい情報だ』と思って、笑顔で『ありがとうございます』と言いなさい**。間違っても不機嫌な顔をするな。そして、もらった批評をそっくりそのまま復唱せよ！」――この瞬間、私の形相は鬼と化すのである。

同情しない。妥協しない。「言う通りにやれ」と相手に斬り込む

では、なぜ、私は受講生に強制（そんなムチャな強制ではないが）をするのか。

私の仕事が講師業だからである。企業から、「3日間で、なんとか人前で話のできる人間に」などと注文された以上、スピーチを尻込みして逃げている受講生に、「では、自然体でいきますか」なんて妥協・迎合の姿勢は取れない。企業が費用対効果を求めるのは当たり前である。

教育では、**「今、習得しておかなければ後々大変なことになる」と予測される場合は、強制的にでも叩き込まなくてはならないはず**だ。受講生の反発や抵抗に、「参った！」とうなだれたり、同情したりしていては、講師の仕事なんぞできやしません。「私の言う通りにやれば、ビジネスパーソンとして恥ずかしくないヒューマンスキルが身につくんだ！」と、腹をくって斬り込んでいる。教育は格闘技なり！

もう1つ言う！

リーダーは部下に「ハイ」という返事を徹底させ、「ハイ」には3つの意味があると教えてあげよう。

❶**「拝」……あなたが独立した人格であることを認めます。**

❷「配」……あなたが言うことを十分気を配って聞きます。
❸「背」……あなたが言うことを責任を背負って聞きます。

「ハーイ」や「ハァ」ではダメなんだ！

2 部下は上司の言う通りにならないが、上司のする通りにはなる。「私を真似しろ」と言える上司になれ。

「都合のいいおっさん／おばさん」になるな！

たとえば、部下が上司やお客様にタメ口をきいても、「叱責して嫌われたくない」からと、注意をしない上司がいる。叱責する上司は嫌われ、叱責しない上司が好かれるという構図になっている職場さえ見かける。

だが、ズバリ言うと、叱責のできないリーダーは実力がなく、自分に甘く、部下を育てようという愛情がない。部下から都合のいいおっさん／おばさんと見られているだけだ。一方、叱責できるリーダーというのは実力があり、自分に厳しく、部下を育てようとする愛情がある。本気の厳しさこそ、本気の愛情だと言いたい。

リーダーは、**部下のよくない行為を見たら、その時、その場で、注意・叱責をせよ**ということだ。

注意も叱責もせず、ただ愛想笑いをしているリーダーは、部下に好まれるかもしれないが、**好かれることとイコール信頼ではない。**叱るリーダーシップを忘れたおっさん／おばさんになったら、一巻の終わりだ。

そんなリーダーをありがたがる部下は成長はしない。部下は叱られてこそ賢くなり、注意されてこそ成長してゆくからだ。

たとえば、入社間もない社員が、専門性を身につけたプロからアイデアを頂戴しようと思えば、まずは「どうぞ、教えて下さい」と頭を下げて敬意を示すのが基本のエチケットだ。それを理解せず、「わからないんですけどぉー」などと頭も下げずにボケッと立っている部下には、**人に教えを請う時には「今、5分程度の時間をいただけますか」といったクッション言葉を使え**と教えてやろう。

あるいは、入社6～7年の中堅社員が自分で考えようともせず、「教えて下さい」と依存的態度ですり寄ってきたら、「聞く前に自分なりの答えを用意してくるのが当然だ」と突き放せばよい。

リーダーは、**「敬語を文法的に正しく使える」「慣用句・四文字熟語などの意味を正しく理解し、使える」「状況にふさわしい言葉・表現を選ぶことができる」**という3つの基本を、若年社員に日常的に示してやってほしい。

私は年齢に関係なく、無作法な態度を取る研修受講生には、こう言ってやる。

「初対面の人には、会釈15度を忘れちゃいけないよ」「**タメ口は、目上の人に不快感を与えかね**

ないというリスクを承知の上で使ってくれ」。

部下は「友達」ではない

一部の文化人や学者諸氏は、タメ口を擁護する。「敬語が形式的になりすぎて機能しなくなったため」とか「年功序列が崩れ、能力主義に移行しつつある昨今では、単に目上だからという理由で敬語を使うことが白々しいから（!?）」などと、例によって屁理屈のオンパレードである。

しかし、仕事を指示した時に、部下が「ムリムリ、そんなの」「いやぁ、厳しいな！」などと返してきたらどうだろう。普通の上司であれば、仰天して二の句が継げないはずだ。

そういう部下を生み出す原因は、一部のリーダーの側にもある。実は、40~50代の管理者研修の場でも、タメ口や幼稚な若者言葉（私にはそう思えてならない）が使われているのである。「私的に、こういうタイプの若者って苦手じゃないですかぁ」「超○○」「っていうか」「ヤバイ」「あり得ない」「ハンパない」「みたいな」「なにげに」などという言葉が日常的にポンポン出てくる。驚愕だ。

あるリーダーは、それを、「私と君は友達さ。カタい話は抜き。お互い仲よく理解し合っていこう」と若者に示す積極的なアプローチだと言う。でも、そんなのは部下との友情物語（!?）を売り物にしてるだけじゃない？　**いい意味での指導者の威厳はどこへ行ってしまったのか。**

相手が喜ぶ叱り方などない

今の上司は、「相手の人格を尊重しろ」的な響きのいい言葉に惑わされ、ことさら理性的、民主的に叱ろうと神経を使いすぎではないのか。そもそも、相手が小躍りして納得し、共感する理性的な叱り方なんてあるだろうか。それができるのは、神様か仏様か、聖人、哲人に属する人だけだと考えたほうがいい。

今の若手社員の不幸の1つは、過保護の中で育てられ、厳しく情のある叱責に、あまり触れずにきたことである。だからこそ、**リーダーよ、思いっ切り感情をたぎらせて、エネルギッシュに体を張って叱れ、がんがん叱れ！**　と申し上げたい。「叱る」ことと「怒る」ことは違うなんて屁理屈はどうでもいい。怖くて厳しい存在がなくては、人は育たないのである（ただし、パワハラには十分気をつけて）。

「叱っておかないと取り返しのつかないことになる」と判断したら、相手が傷ついても仕方がないと割り切って、悪い点をズバリと言うべきだ。

どうしても相手の気持ちを思いやって口ごもりがちな人は、こう考えるのも方法だ。「苦言を呈する相手とは一生つき合うわけではない。この関係もあと数年じゃないか」「**自分の言葉1つで相手が立ち直れなくなるほど、自分に影響力があるのか？**」。

もう1つ言う!

注意や叱責をする時は、❶事実→❷感情→❸提案→❹結果の順に伝えるのが効果的だ。

❶**「今週の遅刻はこれで3回目だ」**（相手の行動を主観を含めず事実として伝える）

❷**「私としては、君の遅刻は不愉快だよ」**（遠慮をせずにハッキリ伝える）

❸**「明日から10分早く起床したらどうだろう」**（現実的な要求や提案を具体的に示す）

❹**「それができれば仕事の効率も上がって、君の評価はグッと上がると思うよ」**（提案を実行したら、どんなよい状態が待っているかを期待を込めて伝える）

3 リーダーは松陰に学び、5つの側面を持て。「怖い」「ありがたい」「すばらしい」「すごい」「ブレない」だ。

君はムキになって喧嘩ができるか？

決めつけはよくないかもしれないが、新入社員は、仕事はほどほどにして趣味を楽しみたい自己中心的な傾向がある。そんな彼らを相手にする**リーダーは、自分は、どんな場合も自分は決して逃げないと肝をすえ、覚悟を決めることだ。**

逃げないリーダーは、「5つの力」を持つ。**強制力**（怖い人）、**報酬力**（ありがたい人）、**憧れ力**（すばらしい人）、**専門力**（すごい人）、**首尾一貫力**（ブレない人）だ。

歴史に範を取れば、たとえば吉田松陰がそういうリーダーである。この5つの力で指導したからこそ、高杉晋作、伊藤博文、山縣有朋といった維新の志士や明治の元勲を輩出することができた。そんな松陰を、「信念や筋を曲げない一徹の人」「知的好奇心に満ちた知識の塊」「不条理に断固立ち向かう義憤の人」「若い人にも本気で体を張り、全力で立ち向かった人」であり、時には狂気さえ帯びるすさまじい人だと思っている。

そんなサムライ松陰から、AI時代の我らが学ぶべき点は実に多い。現代には、譲れぬものは断固譲れぬという信念を忘れてテクニックに走り、優しく振る舞いたがるリーダーがあまりにも多いからだ。

松陰は、**弟子たちに品位の欠けた振る舞いがあると、喧嘩も辞さない毅然たる態度で注意した**という。たとえば市之進（いちのしん）という不良少年は庭掃除を命じても、机で手習いを続けていた。松陰が手習い帳を庭に叩きつけると、市之進は拾ってまた書き出すという具合に真っ向から衝突してくる。松陰は「ふざけるな小僧！　そんなに反抗が得意なら天下のことで反抗してみろ。大きな反抗もできぬ奴が、こんなところで甘ったれていい気になるな」とどやしつけたという（寺尾五郎『革命家吉田松陰』）。

松陰のようにむきになって子供と喧嘩をやらかすのは「時代錯誤だ」と一笑に付されそうだが、場合によっては必要だと、私はまじめに考えている。

なぜって？　**今の時代、悪い行為をした者の言い訳をみんな聞きすぎる**からである。

教育に必要な6つの覚悟

松陰ほどの体当たり教育は至難の業(わざ)だとしても、部下指導にはそれなりの覚悟と勇気が必要だ。私は最低限、次の6つの覚悟が必要だと断言する。

❶自分とは**正反対の性格の部下でも毛嫌いせず、能力やアイデアを持っていれば仕事仲間として評価してやる**覚悟。

❷部下からの批判を、**リーダーとしての自己改造**のためのありがたい問題提起および情報だと肯定的に受け入れる覚悟。

❸部下の知識や実力が自分より上だと判断した場合でも、それを認め、**出る杭(くい)を伸ばし**、褒めたたえて能力を伸ばしてやる覚悟。

❹部下が反発・抵抗しても妥協せず、とことん議論し、**最終的には「私の方針に従え」と要求事項を受け入れさせ、納得させていく**覚悟。

❺組織内の不正や不道徳行為を見たら、「それはよくない」と、いの一番に意見具申をし、それによって**不利な立場に置かれても、正義を貫いていく**覚悟。

❻**一貫した自分流のビジョンや哲学を持ち、部下の前に立ちはだかって主張し続ける**覚悟(一番悪い教育の誤りの1つは、無定見である)。

上司は果敢にリスクを取れ。部下がリスクを取りやすくなる

「偉そうに言うねえ。じゃあ、お前の覚悟とはなんだよ」とお怒りの読者諸氏もおられるだろう。

そこで、私が合宿研修の開始時に行う3つの覚悟宣言を紹介させていただく。もう50年以上研修を続けているが、この宣言をする瞬間は毎回、清水の舞台から飛び降りるような緊張度100％の心境になる。

覚悟宣言❶……「**私は大きな声でハキハキと、日本一やさしい話をします**」（わかりやすく、簡潔に、印象深く、を実践）。

覚悟宣言❷……「私は皆さんの発表する内容はもちろんのこと、声、態度、表情などについて、**たとえ嫌われようとも一向におかまいなしに、いい悪いをズバリ本音で直言**(ちょくげん)**します**」（もちろん、その理由も含めて）。

覚悟宣言❸……「**私は時間は命と考え、始めと終わりの時間を厳守します**。朝のトレーニング時間（6時30分から全員でラジオ体操、筋トレ、歩き方訓練を30分行う）に1分でも遅れた時、また、筋力トレーニングで私の肉体が君らより老化している（硬く柔軟性を欠く）ことを認めたら、その時点で研修は中止にします」。

こう宣言した以上、守れなかったら自己過信だけのおバカ先生だと失笑を買うので、威信(!?)にかけて負けられない。性根をすえての真剣勝負になる。

幸い、3つの宣言は50年以上守り続けられている。筋力トレーニングでも負け知らずで、毎回、「どうだ、参ったか。こちとら命懸けで日々鍛錬しているんだ」と優越感に浸る。

そのくせトレーニング終了後は「今日は年寄りに花を持たせてくれてありがとう」などと慇懃(いんぎん)無礼にぬかすのだから、私も可愛げのないジジイである。

ただし、この勝負、いつまでも勝てる保証なんてない。だから、自宅での訓練を大事にしている。いつも午前中は早朝5時、夕方は16時30分から、それぞれ30〜40分かけ、本腰のラジオ体操や自己流筋力トレーニングを実践している。

後期高齢者の私がこんな無謀とも思える覚悟宣言を懲りずにやらかす理由は簡単。「リーダーは部下に忍耐を教える際には、自らが見本を示すべき」だからである。若い受講生たちに「**世の中には、自分の放った言葉に命懸けで責任を持つ愚直な大人だっているんだよ、嘘つきばかりじゃないんだ**」と知ってほしいからでもある（これって自画自賛につける薬なしか？）。

もう1つ言う！

6つの覚悟や3つの覚悟宣言とは逆に、リーダーを自滅させる落とし穴もある。それは次の5つだと、中国の兵法書『孫子』は教えている。

❶ **必死になりすぎるな……**ゆとりを失い、大局を見失って犬死にする。

❷**生き延びることばかり思うな**……臆病になって敵の捕虜になるのがオチだ。

❸**短気になるな**……侮辱されて計略に引っかかり、敗北してしまう。

❹**メンツにこだわるな**……恥をかくまいと思う足元を見透かされ、罠に落ちる。

❺**情に流されるな**……気苦労ばかり多くなる上、部下に厳しくなれず組織がたるむ。

4 優しい上司の下では、甘えた部下がはびこり、怖い上司の下では、危機感のある部下が育つ。

公平＝不平等！

部下指導の研修に参加するリーダーたちがよく口にする言葉がある。「部下を平等に扱うのが信頼されるコツ」「部下の個性を潰してはいけない」「欠点を指摘するより長所を伸ばせ」「部下の身になって考えることが大事」「命令を出す前にまず話し合いをする」などなどだ。

だが、これらはズバリ言って部下指導における勘違いの典型である。なぜ勘違いなのか。理由と、私なりの解決方法を5つのケースで紹介する。

▼勘違い❶「部下は平等に叱れ」

平等と公平は違うということをまず言っておきたい。実績を上げている部下と、実績とは無縁の怠惰な部下を平等に扱ったら、それこそ不公平になる。

たとえば、同期入社の2人の部下が5分遅刻したとする。A君は3年間無遅刻なので、「珍しいね。どうした？」と笑ってすませる（皮肉交じりに言わないこと）。一方、B君は月に2～3回の遅刻常習犯なので、「また遅刻か！　やる気があるのか？」と、ややきつい口調で叱る。これが「公平に叱る」ということである。もしB君が「私には厳しいんですね」と不満を言ったら、「君も3年間無遅刻を続けたら、同じように叱ってあげるよ」と応じればいい。

つまり、**実績や日頃の努力に応じて、ほどほどに叱るか厳しく叱るかを分けるのが「公平に叱る」ということ**である。褒める場合も同じだ。優秀なリーダーは「平等」意識など持たない。**部下を「公平」に扱うことが信頼される基本**だと知っているからだ。

▼勘違い❷「仕事のできない部下をきつく叱るな」

職場は人を差別するところではない。公平に扱うところだ。一方で、期待する結果を出してい

る社員は評価され、昇給昇格もあり得るが、期待に応えられない社員は評価されず、昇給昇格も夢のまた夢となるのも当然である。

上司は、部下を公平に扱うという観点から、**成果を出せる者と出せない者との接し方に差をつけて当たり前**だ。成果を出せない者には期限を切って教育や訓練を施し、**強引にレベルアップを図る**ことだ。何人かは自分が鍛えられていると知り、「なにくそ！」と這い上がってくるだろう。

「個性」の前に大切なのは「基本」だ

▼勘違い❸「部下の個性を尊重せよ」

こうした考えは学校では肯定されるだろうが、会社では必ずしも歓迎されない。**個性をうんぬんする前に、基本の型を身につけさせることが大切**だ。

では、会社で「個性的だ」と言われるのは、どういう人か？　仕事の原理原則をマスターし、礼儀作法や敬語の使い方などもできており、そのことが周囲の人にいい影響を与え、会社の信用や業績アップに貢献している人だ。**基本の型をマスターしているからこそ、型破りの個性を出せるのである**。

基本を無視した我流では、人様に相手にされない。たとえば営業担当者が仏頂面をして、お客様に「これが私の個性です」などと言ったら、完全な間違いだろう。仏頂面を笑顔に変える努力をすることが営業職の基本だからである。上司は、そういう間違った部下に対しては、欠点に気づかせ、直すことが必要である。

欠点を上回るほどの長所や個性を持つ社員など、めったにいない。にもかかわらず「それって君の個性だね」などとおだてる上司がいるから、何年経っても組織の基本が身につかないアホ社員が出るのだ。部下にどう思われようと、「欠点はここ！」とズバリ指摘するのが優秀な上司である。

部下の身になることと、部下の立場に降りることは違う

▼勘違い❹「部下の身になって考えよ」

リーダーにはリーダーの立場があり、部下と同じ立場に降りる必要はない。どんな話し方をすれば退屈せずに聞いてもらえるかと相手の身になって考え、工夫を凝らすことは必要だが、過剰にフレンドリーであろうと無理に口調を合わせることはない。

リーダーの中には、「みたいな」「てゆ〜か」といった若者言葉を頻繁に使ったり、「だいじょばない」（大丈夫ではない）、「しごおわ」（仕事が終わった）、「りょ」（了解）といった意味不明の略語を取り入れたりする人がいるが、大人なら大人らしい言葉を使ったらどうなの、と言いたくなる。

相手の身になることと、相手に阿諛追従(あゆついしょう)することは違う。リーダーには重みや権威が必要だ。年齢やキャリアにふさわしい話し方があるはずだ。

部下に議論権はあっても拒否権はない

▼勘違い❺「指示・命令も話し合ってから」

上司の指示・命令には、納得しなくとも従うのが社員の義務である。質問や議論はしていい。しかし、**最終的には、たとえ苦手な内容、嫌いな業務でも、「はい」と引き受けなければならない。**それが組織のルールである。

ところが実際は、上司が「この仕事、お願いできますか？」と懇願し、部下が「まあ、いいですよ」と上から目線で引き受ける例が少なくない。

まるで部下に命令を拒否する権利や仕事を選ぶ権利があるかのようだ。

こんなおかしなことが起こるのは、上司が日頃から「命令とは何か」について説明していないからである。社員の命令拒否、命令無視、怠慢な勤務態度などは、就業規則の服務規律に反し、極端な場合、処罰や解雇の対象になる。**自分の事情より、組織や上司の命令を優先させることを**きちんと教え、毅然とした態度で指示・命令を出そうではないか。

もう1つ言う!

私自身は、合宿研修で若い社員たちに立ち向かう時、まず、次のような宣言をする。

「**私は、皆さんに好かれようとは、これっぽっちも思っていません！**　たとえどんなに皆さんから嫌われようと、言葉遣いや態度について、いい点も、欠点や改善点も、ズバリ直言させていただく。**私は皆さんから好かれるというよりも、アテにされ、頼りにされる先輩としての役割を果たしたいと思っているのです。皆さんは自分の問題については、安直に私を頼るのでなく、とことん自分の頭で考えて解決してほしい。**それでも解決できない時、私は全力をあげてアドバイスしたいと思います」

私はおもねるタイプの講師ではありませんよ、と軽く突っぱねているのだ。

5 人材育成は樹木を育てるのと同じだ。根が先、芽は後、花が咲くのはもっと後。

人材採用は大切だが、人材育成はもっと大切

読者諸氏の中には、新入社員が情け容赦なく会社を辞めていくことをお嘆きの方もおられよう。高いコストをかけて採っても、3年で3割ほど辞めるのが現実だ。「なぜだ？　うちの会社に合う人材はいないのか」と絶望的な気分になるのもわかる。

しかし、あえてズバッと結論を言うなら、「**うちの会社に合う人材はいないのか**」ではなく、**うちの会社に合う人材に育てる**までのことだ。

新入社員や若い社員が辞める理由は、「目標とすべき先輩社員がいない」「同じ仕事ばかりやらされる」「会社に将来のビジョンがない」「経営者に魅力がない」「職場の雰囲気がギスギスしている」といったことらしい。彼らが定着するには、経営幹部も含むリーダーはどのような職場環境をつくるべきか。

人材を定着させる10項目

次の10項目を実践することで、新人や若手をやる気にさせ、定着させられると思っている。

❶**トップが会社の方向性・理念・ビジョンを明確に打ち出し、それが社員一人ひとりに支持され共感され、日々の言動に生きている。**雑誌「ＳＥＮＳＥ」を出版している我がセンス社で言えば、「情熱」「執着」「感謝」が理念である。

❷**社員とその家族を何よりも大切にしている。**

会社が社員に、賃金・教育・休暇・勤務時間といった具体的な形で誠意や配慮を示し、それを社員が実感しているか否かが、会社の活力に大きく影響する。会社が社員を粗末に扱うのに比例して会社の活力は低下し、社員の忠誠心は欠如してくる。

❸**社員の意見を聞く風土がある。**

リーダーは聞く耳を持ち、積極的に社員に発言させる姿勢を示すこと。たとえ社長方針に反する意見でも、業績に貢献できる案なら大いに評価すべきだ。社員が「自分たちの意見が経営に役立っている」と実感できる会社は活気がある。間違ってもイエスマンをつくってはいけない。

❹**セクショナリズムにとらわれず、部門を超えたコミュニケーションができている。**

上下左右や部門間の意思疎通を円滑にするには、各自が３つのクイックを実践することだ。クイック・レスポンス（打てば響く迅速な応答）、クイック・フィードバック（スピーディな判

断と指示）、クイック・アクション（気がついたら即行動）である。

❺仕事に自由裁量の余地がある。

自分の責任や判断で自由に仕事を進められると、仕事の面白さがまったく違ってくる。リーダーは、社員の成長に合わせて試行錯誤の幅を拡大させよう。ただし、社員に「待ちの姿勢」を取らせてはいけない。「権限は与えられるものではなく、実力を認めさせ、奪い取るものだ」というビジョンを打ち出して志気を高めてやろう。

❻レベルの高い仕事に挑戦した結果の失敗なら、プラスの評価をする。

減点主義的評価や、失敗をとがめる人事を行ったりすると、事なかれ主義が蔓延（まんえん）し、イエスマンが大量発生する。無謀な失敗や怠慢による失敗はとがめても、新しい試みによる失敗、レベルの高い失敗は推奨するくらいでこそ、革新的な社風が生まれる。

❼スピード・イズ・マネーの風土である。

時間くらい高くつくコストはない。いかに迅速に動く体質をつくるか。常に「シンプル・イズ・ベスト。スピード・イズ・マネー」だと意識して仕事をするべきだ。特に小規模企業では、「意思決定の早さ」「実行の早さ」「変化への対応の速さ」を全員が自覚してフットワークよく動こう。

❽各人の業務がレベルアップするような仕事が準備されている。

社員が現状の能力に満足してしまうとマンネリ化が進み、ライバルや時代から取り残されていく。リーダーは高い水準の仕事を準備し、タイムリーに与えることが必要だ。

❾職場や仕事に「面白い」「楽しい」という雰囲気がある。

生産性を上げるには、社員の感情を刺激し、仕事に夢中になれるような興奮を醸(かも)し出す演出も必要である。若手や新人が多いなら、全員の前で短期間ごとに表彰する方法で楽しい賑わいをつくることもできる。たとえば、「声ハキハキ笑顔ナンバーワン賞」とか、1ヵ月遅刻なしの「時間厳守賞」、1ヵ月ポカミスなしの「ミスゼロ賞」、顧客の評価が高かった「顧客アワード賞」などだ。売上や目標達成といった「結果」にこだわらず、背景にある「プロセス」「姿勢」「意欲」に目を向けるのが楽しさ演出のコツである。

❿シメる時はバシッ!　とシメるリーダーがいる。

自由闊達な雰囲気や上下の区別のない議論も必要ではあるが、最終的にはリーダーの指揮に従うという結集力が常に働いていなければならない。職場は秩序集団でもあるから、ルールや約束などは必ず守ることが大切だ。

上司の意識は部下の無意識にバトンタッチされていく

人材の定着・育成で大事なのは、先輩社員の日常の言動と意識だ。先輩社員が、「自分が新人のモデル像になる！」「会社の歴史をつくるのは我々なんだ」と意識し、「待遇は悪くないし、チャレンジングな仕事がたくさん用意されている」などと自社で働く自信や誇りを口にしていれば、新人や若手はいい影響・感化を受けるものだ。

リーダーは、先輩社員としての自分の言動と意識を磨くために、「3つのキ」を持って新人や若手と接することをオススメしたい。「**相手を好きになること**」「**本気で接すること**」「**根気を持つこと**」である。これこそ若手を指導する不可欠の要素だと思う。

もう1つ言う!

若手を指導する時は、ものを教える基本9ヵ条も頭に入れてほしい。

❶一度にたくさん教えるより、**重点指向で一番大切なことを身につけさせる。**

❷**基本や原則は繰り返し教える。鉄は熱いうちに打て。**だらしないクセをつけさせるな。

❸「**やってみせ、言って聞かせて、させてみて、褒めてやらねば、人は動かじ**」と考える（山本五十六（やまもといそろく）連合艦隊司令長官の言葉）。

❹「なぜですか？」の質問が出るように、「**教える**」「**引き出す**」の**バランスを取る。**

❺質問・疑問に答える時、**できるだけ画像や映像、イラストを利用する。**

❻**期待水準を明示し、自己目標を持たせる。**

❼基本がマスターできたら、**仕事の進め方の自主マニュアルをつくらせてみる。**

❽部下にできる仕事は任せ、**リーダー自身が一段高い仕事にチャレンジしてみせる。**

❾**教えることは教わることにつながる**と自覚する。

6 目標を示し、いつも気にかけ声をかけ、期待をかけて励ませば、社員は辞めない。

先輩として不可欠な4つの自己整備

前項で触れたように、若い人が辞める原因の1つに、「目標になる先輩社員がいない」ことがある。ロールモデルなんて自分で探すもんだ……と突き放してはいけない。会社への定着を考えるなら、次の4つの項目は整備しておきたい。

❶ 年齢階層別の期待値をつくる。

できれば5歳刻みのモデルをつくり、モデルとした理由と、その努力ぶりを事あるごとに話す。さらに「君も努力次第では実際のモデルになれる」と励まそう。

❷ こまめに名前を呼ぶ。

まめに本人の名前を呼ぶことで、「自分はこの部署で働く人間なのだ」と感じさせるわけだ。

あるスーパーマーケットに入社した新人は、1ヵ月経っても、店長から名前ではなく「おい」「そこの人」と呼ばれたため、「自分はその他大勢か」と落胆し、3ヵ月で退職してしまった。

❸最初の1週間がポイント。

先輩の指示がないと、新人は何をしていいかわからず不安のドツボにはまる。「書類の整理」「先輩と同行」「ミーティング会場の設営」など、細かなことでもいいから、日時を決めてやらせる。新人はそれをやる過程で「何かをやっている」「自分の仕事は役に立っている」と実感する。これが職場になじませる第一歩だ。

❹成長計画（育成計画）を立て、部下と一緒に話し合う。

毎月の目標と具体的行動の計画を立て、新人に伝える。「5月＝会社の事務手続きをすべて一人でできる」「6月＝一人でお客様を訪問してヒアリングできる」といった具合だ。伝える際は、「力を発揮するチャンスだね」という期待の一語を添えよう。目標を達成できたら、「よくやった」です

ませず、努力の過程を詳しく聞いて、内容によっては、「フレッシュな発想だ」「頭が柔らかいね」などと簡単な褒め言葉を加えるとよい。

いけないのは、先輩が多忙を理由に、目的や意味を告げずに計画を丸投げすることだ。フォローをせずに新人が育つわけがない。少なくとも入社後2～3ヵ月は**1週間に1回程度、15～20分でいいから個別面談をする**。新人が「話すことはありませんよ」と憎まれ口を叩いてもムッとせず、「君は望んでいないかもしれないが、私は君の元気な顔を見たい。話の中で仕事が楽になるヒントをあげられるかもしれないし」と軽く返そう。

新人を必ず定着させる3つの環境整備

昨今は、入社直後から転職を考え始める新人もいる。「自分は来年度までに何を学べるのか。自分を成長させてくれない会社なら辞める」といった心理なのだろう。リーダーは、若い社員が定着し、意欲を持って働くには、「**人を育てる仕組み**」「**人が育つ環境**」「**リーダーの能力と資質**」の**3つが最低限必要だ**と意識し、次の3項目をチェックする必要がある。

❶将来像が明確な会社になっているか。

お客様への満足を満たすとともに、社員自身が満足できる会社であること。「人間は皆平等」という考えを捨てて公平な評価基準をつくり、やっただけ報われる会社にする。

❷**社員の一人ひとりに将来について明確な進路が示されているか。**

期待する能力、役割、責任を明確にする。特に新人には、最低限果たすべき責任と職務を明確にすることで、一人ひとりの将来像と到達点、役割、責任、業務能力を明確にする（ジョブ型採用が増えてきたことは歓迎である）。

❸**適切な休日・休息水準を目指すなど、働き方改革を行っているか。**

「仕事とプライベートをバランスよく充実させていく」（ワークライフバランス）ということだ。それは「個々人の異なる価値観を出せる」（ダイバーシティ）、「仕事は面白くのめり込んでこそ成果が出る」という職場風土を定着させることにもなる。

親は子に過干渉するな！

新人の定着については親の言動も大いに影響しているので、ズバリ言わせていただく。親が子の就職に干渉しすぎるのは、やめてもらいたい。

20社ほどの新人社員80名を集めた講演会で「自分の意思で会社を決めた人は？」と聞くと、約60名は「はい！」と手を挙げたが、残りの約20名はバツが悪そうに下を向く。理由は親の過干渉だった。

たとえば、A君は飲食業に内定したが、母親から「名もない会社じゃ、経歴に傷がつく」と一喝され、父親のコネで今の会社に。B君は小さなベンチャー企業に内定したが、やはり母親から「小企業ってブラックになりやすいんじゃない?」と言われ、しぶしぶ今の会社へ。

日頃は**自分の進路は自分で決めなさい**と言っておきながら、いざ内定が出たら「その会社、大丈夫なの?」と手のひらを返したように注文をつける。そんな親の顔色をうかがい、親の顔を立てて就職したのでは、リーダーに一喝されたら「辞めます」となるのは容易に想像がつく。

自分で選び、就職を決めた会社だからこそ、「やり抜こう」というそれなりの覚悟ができるのだ。我が子が中小企業に入社したら、「思いっ切り能力が発揮できるチャンス」と激励し、大企業に入社したら「なくてはならない歯車になることだね」と激励する。親が子に贈る言葉は、これだけで十分だ。

中小企業も大企業も「**仕事は闘い。人間関係はがまんの修業。成長しない人は必要とされない**」のだ。親自身がもう一度、職場について勉強したらどうかね。

もう1つ言う!

先輩や会社が先の4項目、3項目を整備しても、新人はやっぱり若君・姫君だ。次の3つのアメと3つのムチを使い分け、甘ったれを自己改善させてあげよう。

アメ❶ **なぜよくないのかを論理的に説明する。怒らず、教えるわけだ**。話せばわかる若者も多い。教えられて初めて「それが常識だったのか」と知るケースも少なくない。

アメ❷**「しないと損だよ」「するとと損だよ」と理由を添えて言って聞かせる。**

アメ❸**おだてる。**ただし即効性はないので、小さなことでもいいから、数週間、数ヵ月と褒め続ける。

ムチ❶**交換条件をつけて脅す。**「こんなミスをあと3回続けたら、うちの部にはいられなくなるぞ」といった具合だ。

ムチ❷**問答無用で突き放す。**「これがうちのやり方だ！」と強制的に説得する。

ムチ❸**大声で笑い飛ばす。**言ってもわからない人間には、よくない行為を見たら「アホと違うか！」と軽蔑の目を向け、笑い飛ばす。

7 能力や実績だけでは心は動かせない。「人柄力」「愛嬌力」が最強のスキルだ。

愛嬌は大切な仕事能力

「仕事は結果でしょ。挨拶？　言葉遣い？　そんなのどうでもいいじゃん」などと放言する部下がいないだろうか。同僚に「態度デカすぎ」と注意されても、「生まれつきの性格だし、これが俺の個性だもん。変えられないよ」とまるで反省しない。

リーダーは、そんな部下に「君は間違っている！」と、はっきりと伝えよう。実際は、**本人は変わることが不安で怖いだけ**である。「**人に好かれる人は、チャンスに恵まれる**」と伝えて、不安を帳消しにしてやろう。

プロなら、ある程度の仕事ができ、そこそこの結果は出せて当たり前。プラス人を惹きつける魅力があってこそ、「ある程度」「そこそこ」からドカンと飛躍できる。つまり、好感度人間にならなきゃ損なのだ。

たまにだが、トップセールスと言われる人の中に、周囲への気配りがまるでない人がいる。同僚の「おはよう」の挨拶にも無愛想にうなずくだけ。言葉遣いも尊大で、声も小さい。自分の言動が周囲に与える影響を考えていない。

これは損だ。徐々に人が寄りつかなくなり、普通なら入る情報も入らなくなる可能性が高い。**インプットがないと、アウトプットの質も悪くなる。つまり仕事の精度が落ちてしまう**。負のスパイラルに陥って、トップの座から転落すると想像できる。

そうならないためにも、好感度人間になろう。愛嬌力を持てということだ。声と表情、特に笑顔がポイントだ。笑顔でいる→人が集まってくる→いい人間関係が生まれる→人間関係からチャンスがもたらされる、という善循環が始まる。「笑う門には福来たる」どころか、「笑う人には運来たる」「笑う会社には富来たる」なんだ。

自分の成長を促すにも、人に支持される能力＝ヒューマンスキルを磨いて好感度人間になることが大事だ。ある程度までは1人で成長できるけど、そこから飛躍しようと思ったら、チームで動かなければならない。チームを動かすためには人望力が大切だ。**チームの成果はリーダーの人望力による**と言っても過言ではないからである。

優れたリーダーは、自分の言動が周囲に及ぼす影響力をしっかり自覚している。**仕事は人間関係から成り立っている**のであり、周囲の人をいい気分、楽しい気分にするのはリーダーの基本条件だ。

人は恥を糧に成長する

生まれつきとか個性とかいう安易な言葉を使って、変わることを放棄している部下には、「この先、組織も仕事も、人の評価もどんどん変わっていく。変わらなければ生きていけないと思ったほうがいい」と教えてあげよう。

そして、少しでも変わる気がある場合は、「自分の性格や態度のどこが顰蹙(ひんしゅく)を買っているのか、周囲の人に聞いて課題をハッキリさせよ」と迫ろう。そして期限つきで「自分のこういうところを◯ヵ月で変えてみせる」と宣言させ、実行してもらう。

最初は恥ずかしい思いをするかもしれない。「でも、そうやって**恥をかきながら**、**笑われながら人は成長するんだ**」とアドバイスしてやろう。「とりあえずできることから、できるところまでやってみる。**ちょっとだけ、小さく、少しずつ変えていけばいいんだ**」と励ましてあげよう。

変わる気が見られない部下には、ズバリこう言う。

「お前のは個性じゃなくて尊大な態度にすぎない。人に不快な思いをさせておいて、個性もへったくれもない！　自分はみんなと違うんだと示したいなら、人に好かれる声と表情で示せ」

間違っても、「君はどうしてそういう態度を取るのかな?」なんてコーチングのような質問をしてはいけない。「これが自分の個性ですから」で終わりだからである。「君のこれとこれは、こういう理由でマイナス評価だよ」とハッキリ言ってやったほうがいい。

嫌われたってかまわないじゃないか。**一流のリーダーを志すなら、言いにくい人に、言いにくいことをズバリと言える人にならなくちゃいけない。**

周囲から浮いた個性は「孤性」にすぎない

実は私は、「はみ出し社員」大歓迎なのである。ただし、周囲から何かと問題視されるような尊大、不作法、気配りゼロの人間は、それには該当しない。

私の言う**はみ出し社員とは、普通の人とは違う角度で考えられる才能を持っている人のこと。好奇心旺盛で、フットワークよく動き回れる人**だ。もちろん、たとえば上司から指示を受けたらメモを取り、復唱し、質問するといった基本動作もきちんとできている。そういう人からは、斬新なアイデアや、枠を飛び越えてチャレンジする創造性が出てくるものだ。

「自分らしく生きたい」「個性的な仕事がしたい」と言う人は、自分や個人にフォーカスするあまり、独りよがりになって成功から遠ざかる危険がある。一人で完結する仕事なんてないからだ。どんな仕事も、他部署との調整とか、取引先との人間関係といった協同関係があってこそ進む。

一人でやれることなんてたかが知れている。**組織があるから大きな仕事をやれる。自分なりの創意工夫を仲間や顧客に受け入れてもらって、なおかつ利益を生み出してこそ、「個性」が成り立つ**のである。

つまり、周囲に受け入れられるのが本当の個性であって、周囲から浮いてしまうのは「孤性」でしかないということだ。

自分（個性）、関わる人（周囲の人）、結果（利益）の3つがうまく噛み合ってこそ、本当に「個性」が活かされた仕事になるんだと思う。

もう1つ言う!

口を開けば「個性」「自分」と言う部下には、次の9つの「凡事徹底」を繰り返し教え込んであげよう（平凡なことを極めれば「すごい人」という評価が得られる）。

❶**指示・命令を受けたら「4する」**（返事をする、メモする、復唱する、質問する）。
❷**挨拶で自分を示せ**（挨拶でどんな人間かがわかり、礼儀格差が販売格差につながる）。
❸**簡単な仕事ほどきっちり仕上げよう。**
❹**仕事の出来は段取りで決まる。**
❺**「報・連・相」はタイミングよく、こまめに。**

❻言葉遣いとマナーのルールはきっちり守れ。
❼「お願いします」と「ありがとうございます」を日常語にせよ。
❽和気あいあいより、議論で競い合うチームをつくれ。
❾他人の声に学ぶ素直な態度を身につけよ。

8 不満は言わせるな。部下には「積極的批判」をさせよ。

がまんは修業!

何かにつけて、「予算が足りないからダメだ」「うちは商品開発力が弱い」「上司と相性が悪くて仕事が進まない」などと、ないものねだりをしたり、グチったり、個人的感情を口にする部下がいる。こういうボヤキを、私は「消極的不満」と呼び、リーダーは**部下の消極的不満には耳を傾ける必要なし**と考えている。

消極的不満ばかり言う部下には「言われた通りにやってみろ!」と怒鳴りたくもなるが、効果は薄い。「やればいいんでしょ」とプッとふてくされて、義務的に最低限の仕事をするだけだからだ。むしろ、「だったら、どうすればいいと思う?」と意見を求めたほうがマシである。仮に代案が出れば万々歳だし、出なければ、さすがに多少は反省するだろう。

もっといいのは、部下に「がまん」を教えることである。「がまんなんて死語っすよ」と言われそうだが、決してそうではない。たとえば、ここ一番の正念場で、冷静にこらえられるか、カッときて取り乱すかは、その後の仕事や人生に大きく影響するだろう。**がまんは自分を高める修業**と言ってもよいのである。

それなりの言い分がある場合は、もちろん、きちんと主張していい。しかし、がまんしなくてはならない時は、つらくても断固としてがまんする。この決断が大切だ。

会社は秩序集団であると同時に、人間集団、協同集団の顔を持っている。だから、そこでは、ある種のがまん、抑制、コントロールが求められるのだ。このがまんのしどころを見誤ったり、コントロールを失ったりすると、評価が下がってしまうことを覚悟しなくてはならない。

「がまん」には、通常、次の5つの種類があることを教えながら、がまんの大切さを伝えよう。

❶絶対のがまん……**会社の規則やルールには従う**こと。
❷感情のがまん……議論が嚙み合わなくてもイラつかず、感情をコントロールすること。
❸主張のがまん……人の話はさえぎることなく、最後まで聞くこと。
❹協調のがまん……**嫌な相手でも協力し、チームワークよく仕事をする**こと。
❺叱責のがまん……部下ならば、叱られた時、謝る、認める、変わる、の「3る」を実行すること。リーダーならば、江戸後期の学者・佐藤一斎（さとういっさい）の『言志四録（げんししろく）』にもあるように、部下の非を徹底的に責めずに、二、三分は残しておくこと。徹底的に責めると、反省よりも反発が大きくなり、叱責の効果がなくなってしまうからである。

この他にも、自分の主張や仕事の実績・貢献が理解されない時、わかってもらえるまで何度でもトライする「孤独のがまん」などがあるが、さしあたって、部下もリーダーも実行しなければならないのは、この5つのがまんだろう。

打たれても打たれても出る杭になる

消極的不満には耳を傾ける必要はないが、一方で、**積極的な批判には耳を傾けること**が重要である。積極的な批判とは、誰もが不条理を感じつつ口をつぐんでいる**会社の悪い習慣や制度、上司の明らかな怠慢などに対して、まっ先に声をあげること**だ。

ただし、これには大変な勇気と、真の批判精神が必要になる。なぜなら、批判が的を射たものであればあるほど、会社や上司からにらまれ、不利益を与えられるなどの危険を伴うからである。また、まっ先に声をあげることが真の批判精神であり、批判しても危険がなくなってからは、批判よりも、むしろ提案のほうが重要になってくるからだ。

積極的な批判をしようとするなら、**孤立を恐れず、会社のために正義・道義を貫け！**という精神で、「出る杭になる」どころか、「打たれても打たれても、出る杭になる」必要がある。

リーダーは、こういう部下をこそ歓迎するべきだ。まっ先に声をあげた結果が吉と出るか凶と出るかは、それを受けるリーダーの器量にかかっているのである。筋を通そうと肝をすえ、覚悟を定めた部下の批判に耳を貸さないようでは、それを見た他の部下たちまでが落胆して思考が止まり、言われたこと以外はやらない指示待ち族や、自分の仕事しかやらないタコツボ人間になってしまうだろう。

イエスの3つの言わせ方

積極的批判は難しいだけに、批判精神を持つ部下には、上手に「出る杭」になるために、声のあげ型の３つのタイプを使い分けたらどうか？　と教えるといい。

❶正面突破型

上司に正面から意見を言うやり方だ。**現場の状況証拠、関連データなどを揃えて論理的に説得する。**上司との間に信頼関係があれば成功率が高くなる。「たまには根回ししろよ」と言われるようだったら、成功パターンと考えていい。ただし、信頼関係がないと、正面突破どころか正面衝突になって収拾がつかなくなる恐れがある。感情的になったり、声を荒らげたりすることなく、論理と数値で冷静に語るのがコツだ。

❷からめ手型

上司が簡単にノーを言えない状況をつくるやり方だ。たとえば、横並びの他の上司や、**上司の上司に「直属の上司にこう言いたいのですが、どう思われますか？」と相談しておいたりする。**

最初はノーでも、その後、他の上司からの意見によってイエスに変わる場合がある。ただし、上司の性格を考えて使わないと、「自分をハメた可愛げのない奴」と思われ、人間関係がもつれるので要注意。上司の自尊心を傷つけたら一巻の終わりである。

❸ 雰囲気づくり型

抵抗感なく「なるほど、そうかな」と思わせてしまうやり方だ。時間をかけて関連情報を与え、問題意識を高めていく。「あの人の意見はこうでした」「このデータが裏づけになります」と、じわじわ上司を誘導していくのだ。いざ決断を迫る時も、どうでもいい点は譲り、肝心な点だけイエスと言わせればいい、くらいに考えておく。

もう1つ言う!

問題に直面した時、人は3つのタイプに分かれる。

外罰型……なんでも他人や環境のせいにする。

内罰型……なんでも自分のせいにして責任を背負い込む。

非罰型……なんのせいかを追及するよりも、適切な解決策を探そうとする。

仕事では、まず解決策を探そう。原因追及は後でいい。責任追及はもっと後でいい！

9 上司を敬遠する部下には、上司を賢く「活用」して伸びる道を教えよ。

自分を変えたくない。上司は変わらない。ならば接し方を変えよ

若い部下の中には、「価値観や性格が違うから、深い関わり合いを持ちたくない」なんて上司をやたら敬遠する者がいるが、上司としては「ご勝手に」と放置するわけにはいかない。

なぜなら、「バカだ」「頼りない」「口もききたくない」と**上司に文句を言っているうちは、新人と同じレベルだからだ**。これは年齢に関係ない。入社後7〜8年経っていようと、文句を言っているうちは「新人」なのである。「上司はタダで物を教えてくれるありがたい存在だ」と思えるようになった時、新人を卒業できる。上司を上使（活用＝マネジメント）できる一人前のビジネスパーソンになったわけだ。

上司への不満で多いのが、「うちの上司は見る目がない。公平な評価をしてくれない」という不満だ。

そんな彼らに、私はズバリ言う。「じゃ、自分のどこをどう評価してほしいかを日頃から上司にアピールしているの？　かなりの実績を積まないと、黙っていても評価してくれたりしないよ」と。

さらにこう一喝する。「上司批判をやらかす前に、上司が組織で果たしている役割、価値観、仕事スタイル、好みの部下像などをじっくり観察し、**上司とどうコミュニケーションをとればいいかをきちんと探ってみよ！　上司は変えられないけど、接し方はいくらでも変えられるんだ**」と。

相性が悪くてもいい。緊張感のある仕事ができる

「だけど、どうしてもウマが合わない」と言う人もいる。「上司は実績十分で社内評価も高く、性格も悪くないけど、なぜか相性が合わない。無能ならばサッサと見切れるけれど、有能で人柄もいいので、対処に迷ってしまう」というわけだ。

こういう場合、**ウマが合わないのは、どちらかに非があるわけではない**ことを、まず認識してほしい。

たとえば、上司は部下のズバズバものを言う積極性を、「礼儀知らずだ」と感じているのかもしれない。部下は上司の深謀遠慮で手堅いやり方を、まどろっこしく思うのかもしれない。これは、互いの見解の相違、性格の違いという他はない。どちらにも非はないけれど、スレ違うわけだ。

あるいは、部下がうっかり挨拶しなかった↓上司は小さな不快を感じた↓部下は「なんで上司は不快な目で俺を見るんだ？」と少し苛立つ↓上司は部下の苛立ちを見て取って……といった馬

鹿みたいなことで溝ができることもある。これも、どっちもどっちと言うしかない。**ウマの合わない2人には、双方に言い分があるの**だ。それを言いつのってもラチはあくまい。

だから、上司とウマが合わないと嘆く部下には、こうアドバイスしてあげよう。

「必要以上に嫌悪感を抱くな。上司を無視したり同僚に愚痴をこぼしたりしても、上司の性格は変わらないし、相性も変わらない。自分が変わることが大切だよ。それより、有能な上司と一緒に仕事ができる点に目を向けよう。**仕事上の関係だと割り切って緊張感のあるビジネスに専念するんだ**」

実は、ウマの合う上司こそ危険。厳しく叱られず、仕事のフォローも十分な上司との関係は居心地がいい一方で、真の実力がつきにくい。ウマの合う上司が無能だった場合は最悪だ。部下は要領よく立ち回るだけの人間になり果ててしまう。

上司はみな自尊心を満たしてもらいたがっている

優れた部下ほど、上司への「ボス・マネジメント」がうまい。感情に流されず、上司を自分の成長に活用している。ビジネスの世界で成功する人は、無意味な喧嘩はしないのだ。ライバルや敵ですら、味方につけようとする。

また、**一流の上司ほど、部下の扱いに大きな差をつける**ものである。有能な部下は大切にするが、無能な部下は排除する。厳しく差をつけることで本物の部下をつくろうとするのだ。だから、上司に対して、部下が次の4つを心がけるよう仕向けよう。

❶上司は指示・命令を出す人、部下は指示・命令を実行する人という一方的な関係は終わりにする。

自分が主体的に上司との関係をマネジメントすることでストレスも減る。

❷上司を毛嫌いすると損だ。味方に引き入れたほうが得である。

上司には、頼りにされたいという心理がある。それを活用し、質問上手、相談上手、叱られ上手になろう。心理的な距離がグッと縮まり、徐々に味方になってくれる。

❸**上司が大切にしている仕事の「型」を取り入れてマスターし、「こんな効果があった」と話してみる。**

上司の自尊心を満たし、腹心の部下になれる。

❹上司のフォローに徹しよう。

伸びる部下は共通して上司キラーである。たとえば上司の自慢話にもつき合おう。上司の努力が実を結んで業績アップに貢献したといった経験談などは、がまんして聞けば自分の得になる。同じ話を繰り返しても、聞いてあげよう。同じ話を繰り返すのは、「この部下なら理解してくれ

る」と安心感を抱いた証拠なのだ。

以下は、上司を敬遠する若い部下に教えてやるべき4ヵ条である。

❶上司とは戦わない。

上司を言い負かしても、最終的には勝てないのが組織の論理だ。仮に部下のほうが正しくても、往々にして負けるケースが多い。だったら初めから戦わないことだ。

❷自分が上司のどんなところに反応しているのかを分析する。

紙に書き出したりして冷静に分析する。同時に、自分の価値観や強みを知る時間も持つ。上司にはない自分のオンリーワンが発見できれば、憂鬱な気分も吹き飛ぶはずだ。

❸真似してプラスになるものは真似してみる。

上司をよく観察し、価値観や流儀、クセなどを確認する。そして、自分の得になる点は取り入れるのだ。自分が抵抗を感じない程度に、上司好みの報告などをしてみてもいい。

❹第三者の意見を聞いてみる。

自分と上司の関係がどう映っているのか、複数の人の意見を参考に、改めるべき点は改める。社内で真顔で聞くと相手も身構えるので、社外の雑談時などにそれとなく聞こう。

10 部下は大きな仕事を与えれば大きく育つ。小さな仕事ばかりだと縮こまる。

仕事の任せ方5つの基本

合宿研修の受講生から、上司の部下マネジメントに関する不満を聞くことがある。「仕事を任せてくれたはずなのに、やたら横から口を出す。やりにくいし、もっと信頼してくれよと腹が立つ」「ヨロシク！　と丸投げするだけで、フォローを全然してくれない。上司は怠慢だ」などである。

「口を出す」のと「丸投げ」は正反対のようだが、私に言わせれば根は同じ。いずれも、上司が何も考えずに仕事をバラまいていることに原因がある。それでは本当に任せたことにならないし、部下を成長させることもできない。

仕事を任せるに当たっては明確なビジョンを持ち、あらかじめいろいろな取り決めをしなければならない。上司は、次の5項目を確認し、責任の所在についても、確固とした信念を持ってほしいね。

❶任せる方針を決める。

なぜ任せるのか、何を任せるのか、どんな成果を期待しているのかを、初めにはっきりと部下に伝えておくことだ。それによって、部下は自分の動き方や方向性を明確にできる。主体性を持って仕事に取り組めるわけだ。方針を伝えられずにブン投げられたのでは、何をどうやればいいのかわからず、モチベーションが大幅に下がるだろう。ビジョンなき仕事では、部下を成長させることはできない。

❷大きな仕事を任せる。

部下の**本当の成長を望むなら、影響力のある大きな仕事を任せる**ことが大事だ。自分でやるのが面倒臭い単純作業を押しつけたりするのは言語道断。部下だって押しつけだと気づくから、やる気が出るはずもない。上司自身が丹念に育てて大事にしている仕事を、思い切って任せる。それでこそ部下は、「こんな大切な仕事を任せてくれたんだ、死ぬ気で頑張ろう」と奮起するのである。

大きな仕事だけに、ある程度、成功への布石ができているものが望ましい。まったく未経験の大仕事を任せる

部下は大きな仕事を与えれば大きく育つ。
小さな仕事ばかりだと縮こまる。

のは危険である。

もちろん、チャレンジ精神や上昇志向がある部下に任せることが前提だ。ルーティン仕事が好きな現状維持志向の部下に、大きな仕事やクリエイティブ系の仕事を任せたらとんでもないことになる（苦笑）。部下の意識とポテンシャルを見きわめ、**成熟度に応じて任せる仕事の大きさ、内容や範囲、リーダーの関与の仕方を変えていく**ことだ。

こうすれば口出しは「アドバイス」になる

❸必ず中間報告をさせる。

仕事は、なんといっても顧客満足が第一。**任せたら中間報告をさせて、うまくいってない場合は、ズバッと軌道修正をしよう**。たまに「頑張ったんですが、できませんでした」なんて素人的な発言をする部下がいるが、そうなっては顧客の信頼を失い、会社全体の問題にまで発展しかねない。

任せる時に、「これこれの時期に中間報告をしてくれ」と中間報告を義務づけておくのがいい。**最初に決めておけば、そこでの口出しは、れっきとしたアドバイスになる**。仕事の進捗状況が気になるたびにいちいち口出ししたくなるのが上司の性（さが）だが、一度任せたからには、決めた時期まで見守ることだ。でないと部下は萎え、「指示待ち族」になってしまって、任せた意味がなくなってしまう。

また、全面的に任せたわけだから、軌道修正は最初の方針をひっくり返さない範囲で行う。そのためには、中間報告の時期を、ギリギリ修正できる時期よりも、ある程度余裕を持った時期に設定するのが賢明だ。

❹任せたことを周りにも伝えておく。

上司は、なぜ彼に任せたのかという理由をしっかりと組織に落とし込み、**任された部下が仕事をしやすい環境をつくってあげる**ことが大切だ。それを怠ると、周りから、「あいつ、急に態度がデカくなった」「同期なのにいきなり上司ヅラしやがって」などと不満が出て、任された部下が十分に力を発揮できなくなってしまう。

❺上司はより高いレベルの仕事に従事する。

仕事を任せた後に上司が何をやるかも重要だ。**任せた側の行動は、思ったより厳しく監視されている**。何もせずにブラブラしているようでは、部下のやる気をはなはだしく削いでしまう。たとえば営業で重要顧客を部下に任せたのなら、自分は新規顧客を開拓するなど、よりハイレベルな仕事に力を入れる姿を見せないといけない。

貴重な失敗経験を部下から奪うな

最後に「責任」について触れておこう。仕事を任せる時に、想定されるリスクをあらかじめ伝えても、それでも問題が起こる場合がある。その責任は、もちろん上司がすべて負うべきだ。その一方で、「お互い**この仕事でメシを食っているプロである以上、お前にも責任がある**」と説き、**取れる範囲で責任を取ってもらう**ことが必要である。

なぜなら、責任の重みと怖さを自覚しないと成長できないからだ。また、一緒に問題に対処することで、部下は、上司の責任の取り方を後ろ姿から学べるからである。メンツや威厳などかなぐり捨て、脂汗をかきながら、部下の前でお客様にグッと頭を下げる。それこそ男気のある上司だよ。

責任を分担することで、**失敗という貴重な修羅場の経験を部下から奪い取らずにすむ**。失敗の経験を糧にして難局に立ち向かう打たれ強い部下をつくることができるんだ。

もう1つ言う!

仕事を任せる時の取り決めを、改めて7つにまとめておくよ!

❶ **何のためにやるのか**……目的と意味をはっきりさせる。
❷ **いつまでにやるのか**……期限をきっちり決める。
❸ **なぜやるのか**……必要性と効用を示す。
❹ **誰とやるのか、1人でやるのか**……協力関係を明確化する。
❺ **どこまでやるのか**……期待水準や到達目標を明示する。
❻ **どうやると効果的か**……自由裁量の余地や、予想リスクも同時に伝える。
❼ **いつ（どんな状態の時）中間報告をするか**……報告は口頭か文書かも決めておく。

11 叱責や過大な要求は成長の必須栄養。信頼関係があればパワハラにはならない！

それはパワハラでなく、成長機会かもしれない

最近はさまざまなハラスメント（嫌がらせ）が問題になっている。リーダーは特にパワーハラスメント（パワハラ）には注意しなければいけない。

最初に言っておくが、**身体的な攻撃や、仲間外れにする、無視する、私的なことに立ち入るといったパワハラは絶対に許されない**からね。権力を背景にした過度な干渉であり、道義的に完全に間違っているからだ。

しかし、リーダーがちょっと過大な要求をしたり、キツく叱ったりしただけで「パワハラだ！」なんて騒ぐ風潮には、疑問を感じざるを得ない。**過大な要求や叱責は、部下の成長を促すためにやむを得ないこと**だと思うからだ。

部下の反応を必要以上に気にして言いたいことも言えないようでは、リーダーシップも何もあったものじゃない。職場は、ある意味「闘いの場」である。パワハラ呼ばわりされるのを恐れた

馴れ合いで、いい結果が残せるはずがないのだ。

まず、過大な要求について考えてみよう。

優秀なリーダーは常に、部下に能力以上の要求をする。**部下の成長を促したいという強い思い**があるからだ。目標を達成し会社の業績を伸ばすことに真剣であるがゆえでもある。リーダーのその要求は、部下にとって**自分を試す貴重な成長機会になる**。過大な仕事に懸命に取り組む過程で、さまざまなスキルを身につけられるからだ。**時間管理能力**や**段取り能力**は当然身につく。愚痴をこぼさず問題に立ち向かうタフさも備わるだろう。**発想力**や**視野の広さ**も磨かれるに違いない。過大な仕事をやり遂げることで、部下は**仕事を任される人から**、**仕事を託される人になれる**のである。

リーダーは、以上のことを部下に理解させた上で、過大さの内容や量を示してあげよう。部下に応じて、「これならやれそうだ」というレベルを見つけることも大切。こうした細かなアドバイスと準備があれば、パワハラ呼ばわりされることなく、部下を成長させていくことができる。

そもそも会社は目標達成集団だから、無理な壁を乗り越え続ける必要がある。**極論すれば、ほどよい仕事なんて会社にはない**のである。こうしたことも伝えてやり、「**忙しい時は、試され時だと腹をくくれ！**」「**仕事の報酬は仕事なのだ**」と激励してやろう。

叱る時はビシッと！

次に「叱る」について考えよう。

叱責は大きく2つに分けられる。**「やってはいけないことを禁止する」**ことと、**「不足している点を教える」**ことだ。

前者は、たとえば無断欠勤とか、ヘルメット着用の義務があるのに着用しないといったことだ。命に関わることもあるのだから、ガツンと叱って、どうすべきかを指導する。「この叱り方はパワハラか？」なんて萎縮している場合ではない。

後者の「叱る」は、**気づかせることで本人自身に直させようとする**行為だ。つまり、叱咤激励して育てる意味が込められている。こういう叱り方は「自律的な叱り」と呼ばれ、リーダーに必要なスキルの1つだ。部下への愛情があるなら、抵抗や反発を恐れずに短所をズバッと指摘し、態度の改善を求めるのがリーダーの務めである。

最近は、「できれば叱りたくない」「いい人だと思われたい」と考えるヤワなリーダーが多い。叱る勇気もなく、叱れる実力もなくて、本当にリーダーか？　と言いたくなる。

「身のほど」よりも上を目指させる

部下に「これはパワハラなんかじゃなく、私を育てようと叱咤激励してくれてるんだ」と思わせることは、リーダーのちょっとした心がけで可能である。それは次の2つだ。

❶人間力やコミュニケーション能力を磨いておくこと。

私的なことに過度に立ち入ることはパワハラになる。異性関係や家族のことなんかを根掘り葉掘り聞くのはNGだ。だから、普段から仕事の悩みや将来の希望といった話をする中で、部下理解のデータベースを築いていく。部下は「上司は自分に関心を持ってくれているんだ」と感じ、信頼関係が深まる。仕事で困難な状況になっても、「頼むぞ！」「ほいきた！」という関係になれるのだ。そういう関係さえあれば、過大な要求や叱責をしても、**「自分の成長を思ってくれているんだ」と素直に受け取ってくれる。**

❷過大な要求をする必要のない仕組みをつくること。

ある会社では、自分の仕事をまっとうしながら「新しいプロジェクトをやりたい」と提案して受け入れられれば、人とお金を出してくれる制度がある。自分の仕事だけで満足するのではなく、さらに上を目指したくなるすばらしいモチベーションアップ制度だ。会社にこういう**仕組みがあり、挑戦を後押しする風土もあるなら、部下は自主的に上を目指し、仕事のやらされ感もなくなる。**そうなればリーダーも細かく指導する必要がなくなり、「これってパワハラになるかなぁ?」なんて右顧左眄（うこさべん）しなくてすむようになる。そういう環境づくりも大切である。

最後にズバッと、こう言っておきたい。「**パワハラが怖くて部下指導ができるか!**」。**叱責や過大な要求ができないリーダーは、自分の役割を放棄しているにすぎない。**本当のリーダーなら、部下に大きな仕事を与え、叱咤激励しながら道を指し示すべきだ。能力があるにもかかわらず低空飛行で満足している部下には、「コラ!」と雷を落とすことがあってもよい。言葉に「伸ばしてやろう」という愛情があれば、必ず相手に伝わる。

林真理子氏は、ベストセラー『野心のすすめ』で、**成長するには、身のほどよりも上を目指す野心こそが必要**と言っていた。「こいつは成長の可能性が高い」と見込んだ部下には、ビシバシ過大な要求をし続けよう。

もう1つ言う!

パワハラと言われかねない下手な叱り方の典型を3つ挙げておくよ。

❶ **愛情のない叱責**……何かで腹が立ったから部下に当たり散らすとか、「コイツは気に食

叱責や過大な要求は成長の必須栄養。
信頼関係があればパワハラにはならない!

わないから痛めつけておこう」といった私情の絡んだ叱り方は部下にすぐ見抜かれる。

❷信頼のない叱責……よく遅刻するリーダーが部下の遅刻を叱っても相手にされない。仕事力、人間力を備えたリーダーになることだ。

❸テクニックのない叱責……いつも怒鳴ってばかりでは相手を心服させられない。TPOに応じ、時には小声、時には笑顔、時にはビシッと。適切な技法を使いこなそう。

12 何がハラスメントか、職場で線引きせよ。それが「ハラハラ社員」の撃退術。

職場をギスギスさせるな

ハラスメントには、上司が部下を傷つける他に、部下が上司を攻撃する「逆ハラ」も多いらしい。それがまっとうな指摘ならいいんだが、どうも、言葉尻をとらえては「〇〇ハラになりますよ」と難癖をつける場合が少なくないというから困る。**自分が不快になったり、受け入れられないと思ったら、伝家の宝刀「ハラスメント」を抜き、勝ち誇って相手を責め立てる。**これでは職場がギスギスするばかりで、なんのプラスにもならないと思う。

二言目には「〇〇ハラ」と言いつのる「**ハラハラ社員**」は、20代後半～30代前半に多いそうだ。私も、パワハラやセクハラ、モラハラ（モラルハラスメント＝言葉や態度、身振りなどによって相手を傷つける）、マタハラ（マタニティハラスメント＝妊婦や産休育休明けの社員に、業務上支障をきたすと嫌がらせをする）などには多少の知識もあるが、それ以外の「ハラハラ社員」がいるとは知らなかった。

私がその不愉快な存在を知ったのは、ある管理者研修の夜の自由懇談の時だった。管理者諸氏は「ハラハラ社員」の扱いに頭を抱え、打つ手なし！　と苦悩の表情の人もいた。

ハラハラ社員とは、どんな輩（やから）を言うのか？　その夜の話に出た事例を紹介する。

テクハラ、パソハラ、エアハラ、エイハラとは

商事会社のA課長は、仕事柄、ＩＴ技術を駆使して情報の収集・分析を行っているが、入社2年目のB君（24歳）はＩＴがとんと苦手である。ある日、A課長が「俺より若いのに、デジタルに弱いなんて信じられないよ。もっと勉強しないとね」とB君に発奮を促したところ、想像を絶する言葉が返ってきた。「ＩＴ技術に詳しいからといって、**私をバカにしないで下さい。そんな高慢な態度を取ると、テクハラ（テクノロジーハラスメント）になりますよ**」。

造園業のC課長は、23歳の女性社員Dさんの姿勢の悪さ、声の小ささ、笑顔の少なさが日頃から気になっていた。そこである日、「営業は人と会う仕事なんだから、よい印象を与える正しい姿勢をね」と注意したところ、彼女はこう反論したという。「容姿や個人的な特徴を注意されたり、嘲笑されたりするのは不愉快です。それってパソハラ（パーソナルハラスメント）に該当しますよ」。

私は研修で営業職の受講生によくこう言う。「好感を持たれる外見をつくれ。特に顔は相手に快・不快を与えやすい。**顔は自分のもので人のもの**。眠そうな顔やたるみ顔ではダメ」。これっ

て当たり前のことだろう。Dさんの「不愉快です」という反応には、営業の仕事をする者の自覚がまるで感じられない。

製造業のE職長は、班で一番の年長者F君（30歳）を朝礼で叱った。それに対して班の一人が「E職長はFさんをおとしめたも同然で、周囲の私たちも不愉快でした。以後こうした**エアハラ**（**エアーハラスメント**＝特定の人物を大勢の前で叱り、恥をかかせること）的行為は慎んで下さい」と職場の全員にＬＩＮＥで流したという。

私も研修で、事前レポートが空欄だらけ、「わかりません」だらけの者は、全員の前でこう叱る。「これは君と僕とのコミュニケーションツールだ。第一印象は大事印象と言う。きちんと書けている者と、いい加減に書いた者とは区別して評価する。君らは、会社がお金を払って研修に参加させた意味をわかっていない。ここに出席する資格のない人間だ」。この程度の叱責がハラスメントなのか？　断じて違うと確信する。

また、E職長が実績の低い中堅社員を人事考課で低く評価したところ、28歳のG君が真顔で、「この評価ってエイハラ（エイジハラスメント）に該当しますよ」と言ったそうだ。

G君の言い分では、実績に関係なく年齢で不当に低評価したり、仕事を与えなかったりするのがエイハラなのだそうだ。バカ発言もいい加減にしろ！　エイハラなんて怠け者の言い訳であり、責任転嫁もいいところ。文句があるなら、ズバリ「君のここが標準よりもこれだけ低い」と、チェック項目を示してやればよい（評価項目は公開すべきだ）。

上司は3度考え直してものを言え

まあ、どっちもどっちというケースもある。金型製造業のH課長が部下たちとカラオケに行った時、自分の十八番（おはこ）である「学生街の喫茶店」（1972年、ガロ）を、22歳のI君に歌うように熱望した。そんな古い歌、I君が知るはずもない。それでもH課長が「俺も一緒に歌うからさ」とやや強要したところ、I君がキレて、「自分の好きな歌を**他人に歌うことを強要するなんて、カラハラ（カラオケハラスメント）ですよ**」と言ったという。

これはH課長が歌を強要したのがよくない一方、I君も「課長のよき時代の歌をぜひ聞かせて下さい」と言えばすむのに、**上手な断り言葉を知らない**んだね。

また、ある課長はカラオケで女性社員にデュエットをさせたところ、「体臭や加齢臭をじっとがまんのスメハラ（スメルハラスメント）でした」と翌日LINEに流されたそうだ。これも課長の配慮不足、身だしなみ不足であろう。

さらに、J課長は35歳で独身の男性社員に「君、いい歳なんだし、見合いをする気はないのか」と言ったところ、「私は独身主義です。未婚でいることが悪いんですか？　見合いを強要するなんて、**マリハラ（マリッジハラスメント）**ですよ」と気色ばまれたそうだ。J課長よ、プライバシーにかかわる言葉は控え目にするのが常識だぞ。

上司の指示・命令に対して、「キョハラ」（強制ハラスメント）を口にする部下もいるそうだが、厚顔無恥と言うしかない。就業規則の命令拒否違反に該当するからだ。

これだけ横行するハラスメントだが、定義は曖昧で、個人の主観でなんでもハラスメントになりがちな窮屈な世の中だ。何がハラスメントに当たるのか当たらないのか、職場できっちりと線引きすることが必要だ。

上司は**気軽に放った言葉で火傷を負わないように注意しよう**。「3度考え直してものを言え」ぐらいの慎重な態度が必要だ。

もう1つ言う！

部下は、上司の不快な言葉に「ハラスメント」と言い返すのでなく、こう返すといい。

❶**「その言葉で思いついたんですが」**

上司の発言を認めてあげて自尊欲求を満たし、それを引き継ぐ形で自分の感想を伝える。上司は自尊欲求を満たされているので、想定外のことでも受け入れる気持ちになる。

❷**「1つだけ、聞いて下さい」**

上司は「1つだけならいいか」と安心して、聞く耳を持ってくれる。

何がハラスメントか、職場で線引きせよ。
それが「ハラハラ社員」の撃退術。

13 減点は人を陰気にし、加点は陽気にさせる。加点が行動効率を高めるんだ。

失敗を活かす「制度」をつくれ

突然だが、君の会社の表彰制度に「**失敗大賞**」的なものがあるだろうか？　意味のある失敗を全社員の前で表彰するのだ。

会社のトップは、口を開けば「変革」「挑戦」と言う。しかし、それを実現するには、社員一人ひとりがヤル気になることが大事だ。でなければ、社長の訴えも、笛吹けども踊らずで終わる。

そこで、**表彰制度の見直し**を提案したい。表彰制度は、部門別成果発表的な数字や成果を競う旧態依然のものが多い。それも意味はあるのだが、古いものからは新しいエネルギーが生まれにくい。表彰制度にも、ワクワク・ドキドキの遊び心が必要である。売上や目標達成といった結果や数字にこだわらず、背景にある個々人の**仕事のプロセスや協調性**、**意欲**、**能動的な姿勢**、**規律ある態度や責任感などにも光を当てる**（5項参照）ことが大切だ。表彰を他人事（ひとごと）として傍観していた社員が、「自分にもチャンスあり！」と感じ、職場全体が盛り上がるに違いない。**思い切っ**

て殻を破り、表彰制度の変革から始めよう。これが私の「失敗大賞」などの提案理由である。

そうした期待を込めて、こんなのありか？　という守谷流型破り非マジメ表彰制度を公開する。社員数が100〜200名の規模なら即実行可能だ。ただ、前例踏襲主義や形式尊重主義がまかり通る大企業ではムリかもしれないね。

守谷流「夢の表彰制度」6例

❶ 失敗大賞

難題に挑戦して失敗したが、そのことで周囲が活気づき、「俺も続くぞ！」というモチベーションアップにつながった場合に贈る賞。失敗が今後のノウハウやヒントにつながると認められた場合にも贈る。ポイントは、賢いけれど失敗を避けて通る優等生より、少し無鉄砲でも失敗を恐れず挑戦する人間を歓迎するというビジョンをはっきり打ち出すことだ。失敗イコール人事考課ダウンでは、チャレンジングな人がいなくなる。意義のある失敗は大いに評価してあげよう。

❷ 急成長しましたね賞

仕事の能率向上や改善に取り組むなど、誰が見ても成長の著しい人に対して贈る賞。

❸ 挨拶・笑顔・ナンバーワン賞

出勤・退社時の笑顔、挨拶を欠かさず実行し、周囲を明るく楽しい雰囲気にしてくれた人に贈る賞。

減点は人を陰気にし、加点は陽気にさせる。
加点が行動効率を高めるんだ。

❹私の自慢・ここを買って下さい賞

「日頃の仕事への思い」「顧客から感謝、評価された」「難資格にパスした」「時間の効果的な使い方」「ダイエットに成功した」といったことを5分間ほどプレゼンテーションしてもらって、優秀者に贈る。プレゼンについては、流暢な話し方よりも、習いたてのたどたどしい英語を取り入れるなど、笑いを入れた適度なパフォーマンスもよしとする。これを通じて、個々人が熱中している興味・関心事などが手に取るようにわかる。

❺どんな仕事でも嫌がらずによくやりましたね賞

社内外のどんな仕事でも、「なぜできないか」ではなく、「どうしたらできるか」を考える前向きな姿勢で嫌がらずに引き受けた人に与える賞。

❻ありがとう大賞

社員一人ひとりが「感謝カード」を持ち、部署、役職に関係なく、仕事ぶり、立ち居振る舞い、言葉遣い、態度などで感心したこと、教えられたこと、学んだことなどについて「ありがとう」の思いを書き、相手に手渡す。1年間を通して、感謝カードを最も多くもらった者を、「ありがとう大賞」として表彰する。

笑いはアイデアの母

これらの表彰制度は、社員がお互いの努力を認め合い、褒め合うものであり、笑いと感動、ちょっぴり刺激と興奮とがあると思うのだが、いかがだろう？　社員同士が「よかったね」「すごい」と言える職場になれば、鬱(うつ)やハラスメントなんかなくなること間違いなし。そのためにも、表彰対象者は社員全員で決めたほうがいい。

その他、職場にお笑い委員会をつくるとか、ジョークを言い合う日の設定、週に一度のお笑い限定ミーティングの実施、お笑いコンテストの実施、笑えるウソのメモ回覧なども考えられる。知恵を絞ってうまく具体化すれば、**明るく楽しい職場づくりのきっかけになる**こと間違いなしだ。

よく言われることだが、日本の労働生産性は低い。ＯＥＣＤ（経済協力開発機構）の調査では、1970年から半世紀近く、20位あたりを低迷し続けている。日本人は世界有数のマジメ民族(!?)だから、生産性の向上には、もっとマジメにやるよりも、いい意味での笑いとユーモアの雰囲気を導入することが必要だと思われる。

新しいものを創造する際にも、笑いは不可欠だ。大阪で新種の商品が続々と誕生するのは、何かと笑いを取ろうとする、この地域の特性とも考えられる。確かに、いいアイデアは、侃々諤々(かんかんがくがく)の議論に思いっ切りの笑顔がプラスされた場合に生まれるものだ。

さらに、**面白かったら笑う、嬉しかったら微笑むといった、「快」の感情を素直に表現するこ**

とで、職場のコミュニケーションも円滑になるのである。

「業績中心のお堅い職場だと思ってたけど、それ以外のことで表彰してくれるなんて、じゃあ俺も」と感じる人が増えたら、夢の表彰制度は大成功だ。

もう1つ言う!

遊び心を刺激するもっと簡便な方法に「じゃじゃ馬精神」がある。会議などで意見が出なくなった時、「3分間でいいです。批判や価値評価一切なしの『じゃあ、じゃあ』の意見を出して下さい」と求めるのだ。「**じゃあ、こうしたら?**」「**じゃあ、広げたら?**」「**じゃあ、なくしたら?**」「**じゃあ、場所を変えたら?**」「**じゃあ、逆にしたら?**」「**じゃあ、100倍にしたら?**」**という具合だ**。「じゃあ」を乱発していくうちに脳が解放され、笑いがはじけ、「あっ!」というアイデアが生まれる。なお、じゃじゃ馬精神の発揮中は、「現実は?」「予算は?」「前例は?」「責任は?」を禁句にするべし!

守谷語録Ⅰ

□ 「昔すごかった」ではなく、今を磨き、「今すごい」から部下がついてくる。

□ リーダーシップは生まれつきの「才能」ではなく、経験や努力によって磨きのかかる「技術」である。

□ 成功するリーダーは、緊張感を失わない。

□ リーダーは何事にも興味と関心を持ち、自分で調べることで魅力的になっていく。

□ 叱ることは、こちら側の姿勢をきちんとすることに他ならない。

□ 体で覚える段階では、ルール通りの動作・行動を繰り返しやらせる。

□ 「どうやるか」と同時に、「なぜそうするのか」をわからせることが大切。

□ 好かれることイコール信頼されることではない。

□ リーダーはいつも、本気、本心、本腰、本音、本物、本当、本願の「本」を心がけて生きていく。「本」はいくつあってもいいものだ。「本」を増やすとしよう！

□ リーダーシップとは、覚悟を伴う格闘技である！

□ 「私」を主語にすることで、相手を責めるニュアンスが減る。

「君が悪い」よりも「君の行為は私にとってつらい」と言うべきだ。

□ 不満は直接本人に告げない限り、問題解決しない。

□ やる気が重要なんじゃないんだよ。「やっている事実」だけが評価されるんだ。

□ リーダーは、万事熱意を持って生き生きと語れ。

□ 何を言うべきかを知っているだけでは十分ではない。

どのように言えばよいかを知らなければならない。

□ 不満や愚痴は、こぼすものではなく、

飲み込むべきものだ。

□ 叱られてポシャンとしぼんでしまうようなやる気など**本気ではない。**

□ 教育の基本は**徹底的な繰り返し**にある。

□ 教えたことを**すぐ忘れるのが部下**だと心得よ。

□ 成功するリーダーは、怠慢からくるエラーは叱り、**積極的なエラーは褒める。**

□ **責任感のある人は、多くの言葉を語らない。**

□ **行動で語る**から**人がついてくるのだ。**

□ **単純作業には締切**を設定してプレッシャーを与える。
クリエイティブな仕事は、早めに取り組ませて**余裕**を与えることで、集中しやすくさせる。

□ リーダーは「何も今さら」「人が見ている」「笑われちゃう」「できるだろうか」などという
否定的な言葉は捨ててしまうこと。

第2章

君よ、言葉の力をもっと味方につけよ。

どのようにして、ビジネスの言葉力を磨くべきか？

仕事で使う言葉は、１つ１つが考え抜かれていなければならない。

常識的な言い回しでは、本音の人間関係が築けないからである。ありふれた言葉で部下を説教しても、納得させられないからだ。

ズバリ言えば、言葉と格闘せず、自分のオリジナルな表現を持てない人の話など、誰も聞きはしないのである。

普段の準備が大切である。

私は、いつ、誰に、何を言われても、相手が感動するほどの答え（!?）ができるように、独自の「守谷語録」を日々つくっている。

守谷語録とは、自分なりのビジネスノウハウを箇条書きしたもの、信念や価値観を格言風に仕立てたもの、仕事の心構えを印象的な略語にしたもの、チェックすべきことを言葉遊びでまとめたもの……などだ。

このような自分なりの表現を考えることのほうが、英語の勉強や専門用語を覚えることよりも、よほど大事だと言いたい。

人を制する者がビジネスを制するのだ。

他人とは一味も二味も違った上級レベルの言葉を使うことで、君はビジネス上の駆け引きや交渉事を成功に導くことができるだろう。

周囲の人たちに自分の存在をアピールし、能力を認めさせ、仕事を優位に展開していくことも可能だ。

複雑な人間関係を良好なものにしていくこともできる。他人から中傷されても鮮やかに切り返せるのである。

他人にかける言葉は、慎重に選ぶことが大事だ。

たとえば君は勝負に勝った時、敗者に思いやりのある一言をかけているだろうか。

心ない言葉をぶつけて無用な恨みを買う人がいるが、ビジネスは長く続くものであり、復讐心をあおるような言葉は使うべきでない。

また、自分自身にかける言葉も、やはり慎重に選ぶべきである。

「だって」と言い訳に逃げ込んでばかりの人、「でも」と相手の話をろくに聞かずに反論して唯我独尊（ゆいがどくそん）に陥る人、「どうせ」と投げやりになってしまう人がいる。

いずれも、自分の言葉によって自分が大損をしていることに気づいたほうがいい。

言葉は暗示となって、行動や考え方に大きな影響を及ぼす。他人の言葉なら反発したり心をガードしたりすることが比較的たやすいが、自分自身の言葉だと反発もできず、心も丸裸であることに注意しよう。

今は、インターネットやSNSなどによるコミュニケーションが圧倒的に増えた。だからこそ、直接会い、表情、視線、しぐさ、雰囲気といった非言語的要素をうまく使いながら、選りすぐったオリジナルな言葉で語りかけることの威力は大きい。

ビジネス力を伸ばす切り札は、言葉力を磨くことだと言っても過言ではないのである。

そして、言葉は多くなくていい。

ピタリと適切な言葉を選ぶセンスこそが大切だ。

14 ありきたりな言葉で語るな。独自の「自分語録」でこそ心は伝わる。

「一言力」を磨け

突然だが、リーダーである君に質問です。指示・命令は部下にきちんと伝わっていますか？聞かれて「100％伝わっています」と答えられる人は少ないだろう。「丁寧に伝えているのに、期待通り動いてくれない」と言う人がほとんどだと思う。

情報伝達の最終目的は、人を動かすこと。何を伝えたかよりも、**何が伝わり、部下がどう動いてくれたかが大切だ。**動いてくれない理由は、リーダーのメッセージを部下が必ずしも好意的に受け止めていないから。部下のこんな不満をよく耳にするのだ。「ムダな言葉が多い」「表現が曖昧」「内容がありきたり」「熱意が感じられずやる気が起きない」。

「この人は一味違うと印象づける言葉力を磨こう」と懸命に努力しているリーダーにしてみたら腹立たしい感想だろうが、ここで効果的にメッセージを送る基本を整理し、習得しておこう。

コミュニケーションをとる時に、まず考えることが3つある。

「**何を話したいのか**」（人、場所、時間を考慮し、伝える内容を取捨選択して的を絞る）
「**どの媒体が一番効果的か**」（労力、費用、時間、効果、効率面から考慮する）
「**どんな表現をしたら関心を持って聞いてもらえるか**」

特に大事なのが、3番目の「表現方法」だ。これを改造するために、次の「4わかる主義」話法を実践してみてほしい。

❶**誰にでもわかる**……相手の興味、関心、理解度に応じた話し方をする。
❷**すぐにわかる**……耳で聞いてパッと理解できることが肝心。同音異義語にも注意する。
❸**はっきりわかる**……誰が、いつ、どこで、何をといった話のポイントをはっきり話す。
❹**なるほどとわかる**……話が論理的であり、ブレない。

❹の実践にピッタリなのが、POINT（結論）→REASON（理由）→EXAMPLE（具体例）→POINT（結論の繰り返し）のサイクルで話すPREP法である。最初に結論を伝え、理由と具体例を示した後に再び結論を言って深く印象づける。たとえば、「私は犬が好き」「犬は人間の役に立つから」「盲導犬や介護犬も大活躍でしょ？」「だから私は犬が好き」といった具合だ。

4わかる主義の実践にもう1つピッタリなのが、「一言力（ひとことりょく）」をつけることだ。「一言で言うと」「結論から言うと」などを口癖にするのである。ムダのない重点本位の話ができる上、「話し始め」がうまくなる。話し始めで聞いてもらえなかったら、その後いくら美辞麗句を並べても聞いてもらえない。逆に、話し始めで相手を惹きつければ、後は必ず聞いてもらえるのだ。

しぐさと声は言葉より雄弁

コミュニケーションでは、言葉以外の**表情、声、姿勢、しぐさといった非言語的な要素が、聞き手に影響を与える。**コミュニケーションの3つの要素の影響度を比べると、言葉による言語情報は7％にすぎず、声の質や強弱といった聴覚情報が38％、表情や姿勢、しぐさといった視覚情報が55％と言われているのだ。

私も研修で、「リーダーは常に元気溌剌（はつらつ）とした表情で話しなさい」と指導している。**眼光（イキイキと楽しそうに輝く目）、顔光（好感を与える楽しそうな顔）、声光（ハキハキと感じのいい声）は言葉以上に聞き手に影響を与える。**いくらパワーポイントを巧みに操ったプレゼンをしても、本人の声光・顔光が弱くては、メッセージは届かない。「アウフヘーベン」（止揚（しよう））、「ノイジーマイノリティ」（政治的に声の大きな少数集団）、「ボリュームゾーン」（購買層×価格帯の中心となる層）なんて、カタカナ語や略語を並べて博識をアピールしようとしても、眼光がなければ、誰も認めてはくれないのである。

また、聞き手の心をつかむには、「どうしてもわかってもらいたい！」という感情からほとばしる生の言葉が必要だ。「どこかで聞いたことのある言葉だ」と部下に思われては、心に響くわけがない。**自分の経験に基づいた話や、オリジナルな言葉は、やっぱり影響力を持つ**ものなのだ。

「自分語録」がなぜ必要か

生の言葉で話すためには、独自の「自分語録」をつくるのがいい。かくいう私も「守谷語録」なるものを、いくつも生み出してきた。代表的な語録を本書の各所に収録したから、ご参照いただきたい。

私の語録は、ストレートに伝わるように工夫した名言風の言葉の他に、数文字にまで縮めた「一言力」風のものもある。後者をいくつか紹介してみよう。

◆「4する」

新入社員研修でよく使う言葉だ。「指示や命令を受けたらキチンと聞くように」なんて曖昧な言葉を使わず、「**返事をする**」「**メモする**」「**復唱する**」「**質問する**」の「4する」を実行しなさい、半年間はこれだけで十分と指導している（7項参照）。

◆「まよけ」

「**まめに伝える**」「**よく確かめる**」「**けじめをつける**」の頭文字だ。「まめに伝える」は、中間報告や悪い報告はこまめに早く、という意味。「よく確かめる」は、時間や納期、金額、名前、相手の意図などを確認しろということ。「けじめをつける」は、仕事の始めと終わりのけじめ、時間のけじめ、公私のけじめをつけることである。

たとえば、「信頼関係をつくろう」と言うリーダーがよくいるが、「じゃあ、信頼する部下の条件って何なんですか？」と聞かれて思考停止、となりかねない。

「君は、『まよけ』の『まめに伝える』の中の『悪い報告ほど早く』の部分をいつもしっかり守っている。だから、私は信頼できる部下として評価する」というように、**自分なりの「信頼できる部下」の基準を、オリジナルな言葉にして部下に伝える**ことだ。

ちなみに私は、自分語録を「3回り」でつくっている。ネット情報一辺倒にならず、常に八方美人（!?）的に見て回り、聞いて回り、歩いて回るのだ。そうやって仕入れた独自のネタや情報を、自分の言葉に変えようと頭をひねる。こうした経験を積むと、自分語録が自然につくられていく。

もう1つ言う!

聞き手が注目する話し方を身につけるポイントを、改めて3つにまとめておくよ。

❶ **一般論や常識だけで話さない。**
❷ **自分らしい個性的な言葉で話す。**
❸ **感情から湧き出る言葉で話す。**

つまり肉声で話せということなんだ。そのためにリーダーは、日頃から会話を楽しむことが大事だと思う。会話は組織をまとめ、チームワークをつくる大切な潤滑油でもある。会話の中に一撃必殺の「自分語録」があれば鬼に金棒だ。

15 相手の無理解を嘆く前に自分の話のムリ・ムダ・ムラ・モレ・無視をチェック。

伝わる話し方の3つのポイント

最初にズバリ言うが、リーダーである君の指示・命令の類は、部下にとって目をキラキラ輝かせて聞くほどの魅力はないからね（給料倍増の話なら別だろうが）。

だから、**一度言えば伝わると思ったら大間違い。半分しか伝わらない**と考えたほうがいい。

「部下の理解度が低すぎ」と嘆く前に、**自分の伝え方に工夫があるかどうか**を反省するべきだ。

話に、ムリ（ムリに聞かせる、ムリにたくさん伝える）、ムダ（ダラダラした話）、ムラ（一貫性がなく、脱線が多い）、モレ（大事なことが抜けている）、無視（相手の立場や気持ちを無視して話す）がないかをチェックせよ、ということだ。

まして、**「俺はリーダーなのだから、言う通りに動け」と一方的に話しては部下は動かせない。**

そういう強制もＴＰＯによってはいいのだが、日常的には、対話と共感のリーダーシップを示すべきである。**人は選択の余地のない命令・説得に対しては、たとえ同意できても拒絶する傾向を**

持っているからね。

まずは、即実行可能な「伝わる話し方のポイント」を3つ紹介しよう。

❶絶対にわかってもらいたい部分は、「**ここはとても大事なことだから**」と声のトーンを上げたり、身振り手振りを使って印象を強める。

❷部下が聞いているかどうかわからない時は、「**これから話すことは、君たちの仕事に影響がある**」と言って反応を見る。

❸部下の反応が悪い場合は、「**この話は1回しかしないので**」と制限をつけて、聞かないと大変なことになるという印象を与える。

相手の理解度によってフォローを変えよ

「話は半分しか伝わらない」と言ったが、それは平均値。詳しく言うと、**伝わり方（部下の理解レベル）は7・5・3に分かれる**。同じ内容を伝えても、A君は7割理解し、Bさんは5割の理解、C君は3割しか理解しない、てな具合になるわけだ。人は自分が関心のある部分や好みの部分しか聞かないからである。

それを補うには、「**話の組み替え法**」をさせる。たとえば朝礼ミーティングの際、「今の私の話で**一番大切だと思う言葉を先頭に持ってきて、自由に組み替えて話してみてくれ**」と、話を再現させるのだ。すると、大切だと思う点が三者三様であることがわかる。

そこで、7割程度を理解した部下には、「だいぶわかっているけど、微妙にズレているところがある」と、理解の精度が上がるように念押しをする。部下は、「そうだったのか、さらに慎重に聞かなくては」と気持ちを引き締めるだろう。

5割程度の理解を示す部下には、「わかっていないな」という点について、「**私の話をどのように実行すればいいか、手順や段取りを聞かせてくれ**」などと確認する。理解が不十分と判断したら、「それは違う。もう一度言うよ」と説明する。

3割くらいしかわかっていない部下には、「私が話したのは、実はこういうことなんだ」と、具体的に教える。たとえば、「記念式典では、社長の席が中央、左に専務、右に常務。名誉会長も来られるから、社長のすぐ後ろに座っていただく。その両脇を2名の部長が囲んで座る。いいね」といった具合だ。ここまで言ってようやく、「そうか」と理解するだろう。

さらに、「人間は公の席では、席順の間違いに、大変に不快な感情を抱くものだ」という心理を教え、もし間違えた場合にはどんなことになるかという裏話までして万全を期す。

中には、ほとんど理解できていない部下もいる。その場合は、「**とりあえず、私の話をメモに取るように。次にそのメモを大きな声で復唱してみてくれ**」と命じる。

指示・命令が伝わったかどうかについての責任は、あくまでリーダーの側にある。だから、部下の理解度を把握した上で、個別にきめ細かいフォローをする必要があるのだ。

信頼を得られないリーダーとは

「伝えた」ことが「伝わった」になるためには、情報（言葉）と感情（心・熱意）のバランスも考慮する必要がある。聞き手というのは、「言葉で理解・納得し、共感の感情によって行動する」からだ。

共感の感情を高めるためには、日頃の信頼関係が決め手になる。「人は**指示・命令の内容よりも、それを伝える人との信頼関係によって行動の度合いを決める**」と考えるべきだ。「頼むぞ！」「ほいきた！」という信頼関係構築のポイントを作りたい。そのためにはコミュニケーションの4原則を知り、活用することだ。

❶**正確に話すこと：「正確性の原則」**

「はず」「つもり」「一応」「まあ」などの言い回しは日常何気なく使っているが、あいまいで誤解・曲解されやすいものなので要注意。

❷**目的を持って話すこと：「目的性の原則」**

目的を持って話をすることはコミュニケーションの最低限のマナー。たとえば、話の目的機能には、次の7つの場合が考えられる。

①良い人間関係を作る（挨拶、会話）
②情報を知らせる（報告、伝達）
③相手に理解させる（説明）
④こちらの思い通りに動かす（説得）
⑤相手の誤りを直させる（忠告）
⑥やる気を引き出す（褒める）
⑦自分の価値観や人柄を知ってもらう（自己紹介、３分間スピーチ）

❸経済性を心がけて話すこと：「経済性の原則」

あらかじめ何を話すのかをはっきりと頭の中で整理して、伝えたい要件を５Ｗ２Ｈでまとめ、「わかりやすく」「簡潔に」、結論から先に述べること。

❹タイミングよく話すこと：「適時・適度・適切性の原則」

部下がなんらかのアドバイスなり、助言、忠告を欲しがっているときには、タイミングよく、適度な分量を、適切な方法（一対一がよいのか、集団を前にして話すのがよいのかなど）で話してやることだ。グッドタイミングということで、部下から歓迎されること請け合いである。

もう1つ言う!

リーダーのメッセージが伝わらない原因を４つ補足しておくよ。

❶ **指示の意味がハッキリしない**（たとえば「商品管理をちゃんとしてくれ」と言うなら、品目別か、価格別か、返品別かを示すべき）

❷ **相手の言葉で話していない**（迎合しない程度に、相手が普段使っている言葉や言い回しなどを取り入れて振り向かせる）

❸ **建前ばかり話す**（本音がぼやけている話は伝わらない）

❹ **落ち着きがない**（リーダーの心に余裕がなく、態度・表情に自信を感じられない）

16 成果だけでなくプロセスを褒めよう。それが一番心に深く届く。

褒めるべき事実をまず発見せよ

部下と接する上で、「叱る言葉」「褒める言葉」のバランスを取ることは、とても大切だ。だが、叱るのも容易ではないが、褒めることはもっと難しい。**一歩間違うと、おべんちゃらやお世辞に受け取られかねない**からだ。

最近の若い世代は、ボランティア活動をしていたとか、難関資格に挑戦したといった程度のことでいちいち褒められてきたせいか、変に褒められ慣れしている。ありきたりの褒め言葉では、「またいつものご機嫌取りか」と白けた表情を返されるだろう。それどころか、一定のレベルに達してない若手社員を褒めると、一部の者が「自分は有能なんだ」と錯覚してしまう恐れがある。

褒め言葉こそが若い人の育成や動機づけのコツだと考えるリーダーもいるようだが、ちょっと待てと言いたい。褒めるためには、**きめ細かな観察力と的確な表現力が求められる**ことを忘れてはならない。

あるリーダーは褒め方の本を読み、これぞという言葉を部下にぶつけているが、「いっこうにやる気になってくれないんです」と嘆いていた。当たり前だ。そもそも本を見て褒めるなど邪道である。**部下のある行為を見て感動したり、嬉しくなったり、感謝の気持ちを伝えたくなった時に、その一瞬の心の機微を伝えることが大事**なんだ。あらかじめ用意された予定調和の言葉なんて心に響くはずがない。

では、どうすれば部下の心に響く褒め方ができるのか？

❶具体的な事例を示しながら褒める

部下の日常を細かく観察し、いいなと感じられた行動を、多少面倒かもしれないが記録しておく。そして、「今回の成績はすごいね。君の普段のこんな行動が、こうつながった結果だね」というように伝える。**成果だけにフォーカスするのではなく、プロセスを褒めるのがポイントだ。**

「上司はそこまで見ているのか」と部下は感動するに違いない。

では、ここでテストだ。たとえば、ある女性社員が、取引先社長からの苦情を電話で説得した。一部始終を見ていた君は、リーダーとしてどんな声をかけるか？

「あの社長をなだめるなんてすごいね。お手柄だよ」というような一般的な言葉を使うようでは、「私の苦労も知らないで、よく言うわよ」とバカにされるのがオチだろう。次が理想的な一例だ。

「接客行動の4S、スマイル（笑顔で）、スピーディ（迅速に）、シンセリティ（誠実に）、スペシャリティ（特別に）の中の『シンセリティ』が特によかったね。それが社長さんにしっかりと伝わったんだと思うよ」。つまり、「接客行動の4S」という具体的な言葉を盛り込んで褒めるわけだ。

❷タイミングよく褒める

部下にも「この仕事を終えたら成果を褒めてくれるかも？」という期待があるワケで、そのタイミングを狙ってドンピシャ！　っと褒めてやる。

❸褒め言葉に激励の言葉を加える

褒めて相手のモチベーションが上がったところで、もうワンステップ上を目指せるヒントや課題を与える。「君の文書のタイトルは要点をよく示していてとてもいいね。さらに文全体を短くするともっとよくなるよ」といった具合に「○○はいい。こうしたらさらにいい」と二段構えにするのだ。部下から「それにも挑戦しますよ」的な声が返ってきたら、褒め言葉が心に響いているということだ。

こんな「褒め殺し」に注意する

以上のような注意点を押さえておけば、褒めることはいいことずくめのように思うが、マイナス面もある。

1つは、**上司の褒め言葉が「期待を裏切ってはいけない」という無言の圧力になり、部下の心に不安や葛藤を呼び起こす**ということだ。部下が、いつも上司の目を気にし、上司の期待に自分を合わせる「他人志向型人間」になる危険があるのだ。「褒められるための仕事」になって、現状の慣れた仕事に安住してしまうのだ。「下手に難しい仕事にチャレンジして失敗したら、褒めてくれるリーダーの気持ちを裏切ることになる」という心理から、仕事への挑戦意欲が薄れていくわけだ。

もう1つは、**褒められないとやる気が出ない部下になる恐れ**だ。自主的・内発的な意欲がなくなり、褒め言葉で支えてもらわないと意欲が出ない人間になり下がってしまう。

小さなことでも全身で褒める

最後に、リーダーとして明日から実行できるノウハウを紹介しておこう。部下ごとに「褒め行為発見カード」をつくるのだ。

次のようなことを記録しておく。

❶いつ、どんなところで褒めるに値する行動をしたか
❷その時に自分はリーダーとしてどんな言葉をかけたのか
❸その時の部下の反応や言葉はどんなものだったのか

このカードの作成により、自分のチームではどんな事象が褒めることにつながり、それがどのような効果をもたらすのかをデータベース化できる。

また、部下のよい行為、事実を積極的に見つけていこうというポジティブな人間観が養われていくはずである。

そこで結論だ。褒めることは猫なで声で機嫌を取ることではない。そんなことで小躍りする若手社員などいない。**たとえぎこちない言葉であっても、小さなことでも全身で褒めるという意識が大切である。**

心の底から称賛の言葉を送れるリーダーには、いつしか部下から「感謝」という報酬が集まってくる。知らず知らずのうちに信頼されるようになるのだ。


もう1つ言う!


いい褒め方の例を、あと2つばかり挙げておこう。

「朝の出勤、早くて感心だね。3週間続けて8時に出社してる。定刻より15分前に出社するのは自己管理の徹底かな。それとも、『意欲、大いにあり!』ってことかな」

「仕事ぶりを見ていたが、あの取引先にはずいぶん手を焼いていたようだな。ターニングポイントは、ほら、3回目の商談のクロージングの時の君の出方だったんだよ。交渉開始からちょうど2週間と2日目だった。君、よく切り抜けてきたね。ご苦労さん!」

こうした具体的かつ事実に基づいた褒め方をすれば、部下は苦労したことも忘れ、「この人は私のことを見てくれている。ありがたい」という気持ちになるものだ。


成果だけでなくプロセスを褒めよう。

それが一番心に深く届く。

17 あいづちは「愛槌」。愛を持って耳を傾けるのが聞き手だ。

話し上手はあいづち上手

「話し上手は聞き上手」とよく言われるが、プラス「聞き上手はあいづち上手」とセットで覚えてほしい。それほど、人を動かす上であいづちの効用は大きい。

相手をその気にさせられるかどうか、相手に好かれるかどうかは、会話の中で気のきいたあいづちを打てるかどうかにかかっている、と言っても過言ではないのだ。

あいづちと言うと、「はい」「そうですね」程度しか思い浮かばない人がいるかもしれないが、**あいづちは、動作で示すのがコツである。**

また、あいづちには同意や驚き、疑問、先を促すなどのバリエーションがあり、**会話の内容に合わせて最適なあいづちを打てば、たとえ初対面で話題がない場合でも会話が弾んでくる。**

では、あいづちのバリエーションには、どんなものがあるのか。私は営業職研修の際に「オウサカトウナギ」という**積極的傾聴法**を話すことがある。経営コンサルタント笠巻勝利氏の造語だが、それを通して紹介しよう（例話もリーダーと部下ではなく、営業担当とお客様などの接客場面になる）。

❶**オ＝驚き**……驚く、笑う、喜ぶの3つだ。「なーるほど、そうなんですか」「本当ですか！」「いやぁ、驚きました」などと言いながら、**目線、表情、動作などの非言語的要素を存分に活用して、小さな驚きでも大きく盛り上げる**。私の知っているホステスさんは、接客の際に実に上手にこれをやってのける。しかも大げさなリアクションでやるもんだから、客は「自分の話ってそんなにすごいのか」と得意になって話し、クラブでの出費はまたかさむというワケだね。

❷**ウ＝受け止める**……受容の精神を示す。話の腰を折らず、「はい」「そうですか」「な

あいづちは「愛槌」。
愛を持って耳を傾けるのが聞き手だ。

るほど」という合いの手を随所に入れる。よい話でも悪い話でも、お客様の話は全部しっかり胸で受け止めて聞いていると示す。

❸**サ＝誘い**……話の先を促す。

「それで？」「へぇーっ。で、どうしました？」「そのあとは……」「他に問題はなかったんですか」などと積極的に質問する。**相手は自尊心が満たされ、続きを話さずにはいられなくなる。**逆に、このあいづちがないと相手は「私の話を本当に聞いているのだろうか」と疑い始め、会話が弾まなくなってしまう。

❹**カ＝感心**……大いに感心してみせる。

感心したり共鳴したりしたら、あいづちとして言葉に出すべきである。「すごいですねぇ」「やっぱり違いますね」「ははあ、それでうまくいったんですね」といった具合だ。相手は心の中で大いに喜んでいるはずである。

言葉としぐさはセットで

❺**ト＝同調**……心配事には同調・同情する。

相手の頭痛のタネや嘆きには、「大変だったんですね」「お気持ち、わかる気がします」といった同情の言葉を伴う同調をするのがよい。人は共に悩んでくれる相手を求める。そして、悩みを共有してくれた相手とは心理的に強く結ばれる。接客業はよきカウンセラーでなくてはならないのだ。

❻**ウ＝うなずき**……あいづちを動作で示す。

言葉を発しながら、それに合わせて大きくうなずいたり、小さくうなずいたり、首をかしげたり、肩をすくめたりという動作をする。動作を伴うことで、あいづちの言葉は強力な効果を発揮する。

❼**ナ＝情け**……表情によって共感を示す。

言葉に合わせて眉をひそめたり、目を伏せたり、頬をゆるめたりするなどの表情を示す。**表情や目線を使って同情的な雰囲気を出す**わけだ。

❽**ギ＝疑問**……わからなかったら正直に聞く。

わかりもしないのに、わかったふりをし続けていると、相手の信頼を損ねてしまう。**疑問が生じたら、正直に質問する**ことである。たいていの相手は、「こんなこともわからないのか」とは言わず、かえって、「ちゃんと理解しようとしているんだ」「正直な人なんだ」と好感を持つ。

どんな話も自分の成長資源に活用する

あいづちは、年長者の自慢話につき合う時にも効果的だ。自慢話を聞くのは忍耐力がいるが、どうせ聞くならイヤイヤではなくて、タイミングよくあいづちを打ったり、メモを取るなどして、**無言の称賛を送り、相手をいい気分にさせてあげよう。**

たとえば、取引先の重役が延々と過去の実績を自慢しても、その話には、その人の成功へのエネルギーが含まれており、発想法から時間の使い方、人の協力の取りつけ方、反対勢力への説得法など、優れたノウハウがちりばめられているに違いない。耳を傾けることで、プラスの気と知恵をもらえることになるわけだ。

そう考えると、自慢話イコール退屈な話と決めつける愚かさがわかる。年長者を、古いとか化石人間とかと決めつけるのはよくない。**豊富な経験や技能を持つ資源として年長者をとらえるべきだ。**成長したければ、その資源を有効活用することだ。

「幸福になりたいのだったら、人を喜ばすことを勉強したまえ」とは、イギリスの詩人マシュー・プリオールの言葉だ。みんなが自分を売ることに一生懸命な時代なだけに、相手を受け入れ、**話を聞いて質問し、驚いたり同情したり称賛したりすることは好感度を高める効果的な方法**だと言える。

もう1つ言う!

「きく」には3つの種類があることも、ここで覚えておこう。

聞く（HEAR）……受動的に耳に入れることだ。耳に入ったことを理解しようとする積極性はない。残念なことに、大きなセミナーや会議では、「聞く」人が8割を占める。

聴く（LISTEN）……話の内容や相手の人間性を理解しようとする積極性がある。職場では、常に「聴く」姿勢を保つのが望ましい。

訊く（ASK）……能動的に尋ねることだ。わからないことは、いつでも、何度でも尋ねて、知識と知恵を磨くことが大切である。

18 敗者のメンツを立てる一言をかけよ。弱者をいたわれる者が一流人だ。

「言葉のサービス」を絶やすな

ビジネスに勝敗はつきものだが、**勝った時ほど言葉や態度に気をつけるべきである。勝った時の言動に品性が出る**からだ。

三流ビジネスマンは、自分の実力による勝利だと誇り、敗者を見下した態度を取る。

二流ビジネスマンは、たまたま勝てたが、それは会社の信用や前任者の実績のお陰だと感謝する。

一流ビジネスマンは、勝っておごらず、敗者に「あなたが今までで一番手強い人でした」と伝える。

この一言で、相手はどんなに救われることか。**敗者の気持ちを慮（おもんぱか）る一言が言えるか言えないかが、品性が高いか下劣かを分ける**のだ。

敗者の心の痛みは、勝者にはわからない。だからこそ勝った時ほど謙虚に徹し、喜びも七分程度に抑えておくのがいい。

また、ビジネスでは、売り手と買い手、元請けと下請け、上司と部下というように、立場に強弱が出がちだ。相手が弱い立場である時も、謙虚な態度に徹しよう。立場はいつ、どう変わるかわからない。「ビジネスは実力の世界」などとふんぞり返っていたら、しっぺ返しを喰うことになりかねないのだ。

接するのが1回限りなら、容赦なく相手を攻めるのもやむを得ない場合があるだろう。

しかし、ビジネスの関係は、普通は長く続くものだ。だから、必ず相手のメンツを考えるべきである。**相手の言い分に耳を傾け、こちらの要求を吞ませながらも、優しい言葉を返してサービスするほう**がいい。とどめを刺すなんて論外だ。

労をねぎらえ、メンツを立てよ、相手は要求を吞んでくれる

こんな事例がある。あるメーカーが新製品を下請け業者に発注した。しばらくして業者が持ってきた試作品をメーカーのA課長が見ると、かなりの手直しが必要だ。納期は迫っている。A課長は焦ってやり直しを頼んだが、業者は「設計図通りにやったんですがね」と不満顔。気まずい雰囲気になった。A課長は腹が立ち、「下請けのくせに指示通りにできないのか！　これじゃ、お宅との取引もこれまでだね」という言葉が喉まで出かかった。もし口にしていたら、業者も売り言葉に買い言葉で応じ、関係は修復できないほどこじれたかもしれない。

だが、ちょうどそこにA課長の上司が来た。そしてこう提案した。「いやぁ、新製品というのは、やってみないとわからないもんです。**お宅がここまでやってくれて、初めて問題点が見えましたよ。正直ホッとしています**。どうでしょう。いい製品をつくったほうがお互い得なわけですから、なんとかもう一工夫してもらえないでしょうか」と。これを聞いた業者は、「そうですね。もう一度やりますわ」と、快く引き受けたのである。

強い立場の人間が、弱い立場の相手に注文をつける時、こちらの都合ばかりを述べてはいけないのである。まずは相手の努力を認め、労をねぎらう言葉がほしい。相手が一番つらいのは、自分たちの努力を否認されることだからである。

こちらが勝って先方のメンツを潰す結果になりそうな時や、立場に大きな差があって相手の自尊心を傷つけそうな時なども、やはり**交渉の最後に「言葉のおまけ」をつける**のがよい。そうした情のある一言で、相手は「頑張るか！」と救われた気持ちになるものだ。**どうすれば自分が得するかだけを考えているうちは、一流にはなれな**

いのである。

プロはあらゆる場面に笑顔であれ

ところが、20代の私は、これとは真逆の高慢で生意気、人様に配慮の言葉一つかけられない三流人間だった。そんな私に、いかなる時でも礼儀正しさと謙虚さとを忘れるなと教えてくれたのは、雑誌「ＰＨＰ」初代編集長だったＨさんである。

Ｈさんが私の勤めていた会社に「ＰＨＰ」を売り込みに来たのは、私が24歳の時だった。それ以降、本当に何度も京都から来て、その都度、営業するのを忘れたかのように、雑誌にかける夢を語り、私にいろいろな問題提起をするのだった。情熱的なＨさんの話に私も触発され、一緒に若い人の教育や人生を語り合う間柄になった。

彼は帰り際には必ず「今回も守谷さんといい議論ができてよかった。ありがとうございます」と頭を深々と垂れた。**その礼儀正しさと満面の笑みは颯爽として格好よかった。**

だが、当時の私は教育訓練課勤務で企業内女子学院の教務主任をしていたものの平社員であり、雑誌購読の権限がなかった。そのため、時にＨさんの営業をうとましく感じ、不愛想な態度でノーを言うこともあった。ところが、商談不成立で営業担当としては敗北した時でも、Ｈさんは笑顔を絶やさないのだった。

営業マンは悔しさをグッと抑えて常に笑顔であれと言うのは簡単だが、行うのは至難の業だ。

でも、Hさんは私の優柔不断で未熟な対応に3年近く耐えたのだった。何度私からノーを言われても、一度たりとも落ち込んだ表情を見せなかった。

Hさんはやがて単行本を担当するようになり、私は会社を辞めて独立、一度は縁が遠ざかった。だが、独立4年目、仕事が極端に減って傷心の日々を送っていた時、たまたま会う機会があった。その時、私が不用意に「独立は間違っていたのかな」と弱音を吐くと、直後に彼の温和な顔が一変、激しい怒りですさまじい形相になり、「**君は仕事に命を懸けていないんだ。後ろを振り向いてどうするんだ。振り返る暇があったら、新しい顧客づくりに力を注ぐべきじゃないのか！**」と厳しく言い放った。これには返す言葉もなかった。私にとって、この叱咤（しった）は、心を奮い立たせる救いの手となった。

Hさんはさらに、私に本を書けと命じ、「今の君にふさわしいテーマをプレゼントする。それは、『後ろを振り向くな』だ」と言った。私にズバリ当てはまるタイトルであった。しかし、残念ながら増刷にはならず、彼の友情に報いることはできなかった。

Hさんは、プロはどんな目にあおうが、「ありがとうございました」という礼儀正しい挨拶と笑顔だけはおろそかにしないことを教えてくれた。人の心がわからないダメ人間だった私に、誠意を持ってつき合うことも示してくれ、本気で叱ってくれた。

この出会いを私は生涯忘れないだろう。

もう1つ言う!

ノーを言う時はハッキリ言うことが大事である。部下が「なんとかなると思います」と曖昧に応じ、上司も「じゃ、なんとかしてくれ」と受け入れるような頼み方、頼まれ方が一番いけない。「できたか?」「やってみたんですが、ダメでした」と、双方泣きを見る結果になることが目に見えているからだ。こうした**曖昧な言葉のやりとりはやめて、互いに明快な言葉と数字で語る**ことが、結局は相手に対する思いやりになる。

敗者のメンツを立てる一言をかけよ。
弱者をいたわれる者が一流人だ。

19 言葉に責任を持て。一言の重みを知れ。言葉は人格を語る。

「感化力」は諸刃の剣

人は、**自分に向けられた言葉には必要以上に敏感になるくせに、自分の言葉が相手に与える影響にはひどく鈍感である。**特に、リーダーの立場にある人が、礼の心を欠いた上から目線の話し方をするのは、まったく鼻持ちならない。部下はそんなリーダーの言葉遣いや礼儀、マナーに徐々に感化されていく。怖い話だ。

リーダーとしての自分の後ろ姿は若い部下の模範になっているか、よく考えてほしい。

ある地方で新人研修のフォロー教育をやり、敬語の使い方やお辞儀の訓練をしていたら、一人の新人から「こんなのやってもムダですよ」と言われた。今どき感想をズバリと言う男は珍しいので、話を聞いてみると、こういうことだった。

彼は4月に、ある団体のマナー研修を受けたが、異業種30名の受講生のほとんどが、「こんなのやってもムダだ」と異口同音に言ったそうだ。理由は、**マナーの基本を実践できていない先輩**

社員や上司が想像以上に多く、中には研修とまるで逆のことをやっているからだという。

たとえば、新人が研修通りに挨拶すると、先輩や上司が、「超堅い挨拶じゃん」「あり得ないー。そんなマジな挨拶なんて」と冷やかしたりするという。

ひどい例になると、専務が内線をかけてきて、部署や氏名を名乗らない。新人が「恐れ入りますが、どちら様でしょうか」とマニュアル通りに聞くと、専務は「あんた誰なの？　俺だよ、俺。わからんの？」と怒鳴ったという。

この専務は、「俺は新人講習会でスピーチもしている。新人が覚えていて当たり前だ」と思っているのだろうが、新人にすれば、とびきり印象的な話でもない限り、そうそう記憶に残るはずがないのだ。

さらに、この専務は、自分の態度を棚に上げて、「教育課は今年の新人にどんな教育をしているんだ」と当たり散らしたという。専務といえば成熟した年齢であり立場であるはずだが、これでは品性下劣な未熟者としか言いようがない。恐らく若い頃にコンプライアンス研修なども受けておらず、モラハラや倫理性など考えたこともないのだろう。

新人が入社する4月は、中堅社員から管理職、幹部社員の全員が、「新入社員に悪影響を与えるような言動が自分にないか」と基本動作を点検してみる時期である。そんな時期に先輩や上司が新人のまじめな気持ちをもてあそぶような言葉を放ったり、専務が「俺だよ、俺」と怒鳴ったりしては、人が育つわけがない。

挨拶やマナーの教育は、担当部署や社外の団体の講習会に任せておけばいいと考えているのかもしれないが、若い人が育つプロセスには、「先輩や上司を模倣する」という側面があることを見落としてはいけないと思う。

言葉の常軌を逸するな

言葉遣いが愚かなのは、会社の一部の上司や先輩だけではない。かつて、政府が提出した法案に反対する大学教授が総理大臣を、「お前は人間じゃない」「お前は人間のクズだ」「バカかお前は」といった下劣な言葉遣いで攻撃したこともある。

総理大臣を攻撃するのはいいが、**常軌を逸した言葉で攻撃するのはよくない**。大学教授は言葉遣いや品性の面でも学生の範となるべきだからだ。

私が企業の社長なら、こんな教授の教育を受けた学生は採用しないね。「社長、お前は人間じゃない」なんて言われたら、かなわんからね。

「**人を正しく導こうとするなら、まず自分を正しくすることだ**。そうすれば、すべての遊星が一つの恒星の周りを回るように、人々はひとりでに正しい方向に導かれる」と、中国の古典『礼記』に書かれているのを知らないのかね。

無責任な言葉からは社会に役立つ何物も生まれない

こうした常軌を逸した罵詈(ばり)雑言は、インターネットの世界にもよく見られる。

誰もが気楽に意見を表明できるようになったのはいいんだが、**匿名が許されているせいか、無責任な発言が多い。**ネットの中だけで強がりを言う、内弁慶ならぬネット弁慶が増え、思慮分別を欠いた傍若無人な人間が大量発生している気がしてならない。

自分の意に沿わないと寄ってたかって群がり、サイトやSNSを炎上させるネットイナゴがいい例だ。たとえば、第一線で活躍している演歌の大御所に「歌が下手になった」と言い放つ。テレビドラマの主役俳優を、「演技がクソすぎ！」とこき下ろし、「演技っていうのはこうするんだよ」などと説教

する。その道のプロに対して、ど素人が言える言葉じゃないよ。「**じゃあ、そういう君はなんのプロなんだ？　プロと呼べるべき力量や実績があるのか？**」と聞きたいくらいだ。その道をきわめたプロを批判することでストレスを発散しているのかもしれないが、礼儀やマナーとは無縁の程度の低さには開いた口がふさがらない。啓蒙家気取りの発言をして恥じないのは、心根が貧しいからだとしか言いようがない。

昨今は、**話すことが**「**言葉の言いっ放し**」**になっている**気がしてならない。言葉は使い方の加減やタイミングによって、人を傷つけたり、人間関係を混乱・断絶させたりする怖いものだ。おろそかに罵詈雑言を放つことはできないはずである。

話す時は、自分の放つ言葉と、それによって引き起こされる結果に対する責任を持つ覚悟が必要なのだ。

もう1つ言う！

人を叱ったり批判したりする時には、それなりの資格が必要だ。それは次の4つである。

❶**愛情**……部下を指導する時、ただ声高にハッパをかけてもダメである。叱ってでも育てようとする愛情がなければいけない（11項参照）。罵詈雑言を浴びせるのは愛情ではなく、また、感情を交えない理性的な言葉だけでも相手に通じない。

❷**勇気**……「いい人と思われたい」「すべての人に好かれたい」という願望を封じ、「完璧な人間ではない自分が叱れるのか？」という迷いを断ち（たいていの場合は

叱る大人の判断が正しくて、叱られるほうが間違っている）、ズバリ「ノー」を言ってあげよう。

❸ **実力**……「あの人に言われるのなら仕方ない」と思わせる生き方をしていること。

❹ **能力**……小手先の技術はいらない。必要なのは相手の心を理解する能力である。その能力があるかどうかで、叱られる人に伝える言葉や態度が変化してくるからだ。

20 本当に表現したいことは表現しにくい。表現とは言葉との格闘なんだ。

言葉は少数精鋭で

現代人は冗舌すぎると私は思っている。本当に表現したいことは一番表現しにくいものだ。ここから「**どんな言葉を使ったらわかってもらえるか**」**という言葉との格闘技が始まる。**この格闘技を避けてお手軽言葉に走ると、表現したいことが伝わらない上に、品性を損なうのではないだろうか？

中国処世訓の古典『菜根譚（さいこんたん）』ではこう言っているよ。

「９つ言い当てても、１つ間違うと非難される。ほぼ成功しても、わずかなミスがあれば手柄と認められない。だから、**あまり口数を多くせず、利口ぶらないほうがよい**」「本来、**誠実な人の言葉は地味であり、時として臆病にさえ聞こえる**」

現代は、言葉がマスメディアやＳＮＳで濫用されてどんどん軽くなっている感じがする。個人的には使いたくない言葉も垂れ流されている。日本語をこよなく愛する私にとっては淋しい限りだ。

とりわけ、リーダーの立場にある人がSNS感覚で不用意な言葉を部下に発信したら信頼関係を損なうし、職場の士気、仕事の出来にも悪影響が及ぶ。お手軽言葉や、聞き手の主観で解釈が変わる曖昧・抽象的な言葉には要注意だ。軽く放った言葉で相手が傷つくこともよくある。リーダーは、言葉に多少臆病になるくらいがいい。「3度考え直してものを言え」(12項参照)ということだ。

「三たび考え直して三たび善であるならば、言い行うがよい」という同じような古訓もある。**ものを言う時も、事を行おうとする時も、必ず3度は虚心で繰り返し考えよ**、ということである。**言葉は必ずしも多くなくていい。ピタリと的を射た適切な言葉を選ぶことが肝要だ**。そういった言葉にこそ、人は耳を傾けるのである。

とはいえ、その人、その時、その場に最適な言葉を選ぶのは簡単ではない。言葉との格闘技を幾度も経験する必要がある。そんな経験もなく、いつも一般論や常識論でお茶を濁して自己満足している人には、正直うんざりする。私が体験した例を紹介してみよう。

一般論で語るな

合宿研修の終了後に担当者と3日間を振り返っていると、突然、幹部社員A氏が割り込んできた。

私「初日はまったく話せなかったB君が、2日目の夜からプレゼンできるようになり、一安心でした」。

A氏「話の出来不出来なんて、要は経験を積むことですよ」。

私（軽はずみな常識論だねぇ。私は過度のあがり症のB君と深夜2時までカウンセリングしたんですよ。人の苦労も知らないで、簡単に言ってくれるなよ）。

私「受講生たちが日誌に書いた悩みにもコメントしておきました」。

A氏「人間って、書けばスッキリするもんでしょ」。

私（何も考えてないね、この人。**コメントによって鼓舞される人もいれば、逆に滅入ってしまう人もいる**わけで、1人1人に合ったコメントを考えるのはすごく神経を使うことなんだよ）。

私「朝のトレーニングがしんどかった人もいたようです」。

A氏「サラリーマンも不況期は体力がモノをいいます」。

私（そういう自分は腹が出て、煙草プカプカ、それを棚に上げて、よく言うね）。

私「3分間スピーチも、スマホ世代には苦労があったようです」。

A氏「若い世代は話題が貧困ということでしょうね」。

私（世代は1年ごとに違うのに、「若い世代」ってひとくくりで解説しちゃっていいんですか？）。


A氏は、合宿中一度も顔を出していない。だから、こんな一般論しか言えないのだ。

私は、口から出まかせとしか思えない彼の浅薄な常識論を聞き流したが、A氏はそのことにも気づかない様子だった。そのくせ、A氏は研修担当者の話を聞く時は、いかにも退屈な表情をし、あいづちさえ打たず、「早く話し終えてよ。俺の話はまだ続くんだよ」と言わんばかりの雰囲気を漂わせるのだった。

私は自由業だから、A氏のような身勝手な人と出会っても一時の関係ですむ。しかし、社員となると大変だ。その場合は、相手の長話に対して、「聞けども聞こえず」を決め込んでいい。**頭の中では仕事の段取りなどを考え、表面上「ハイ、ハイ」と最低限のあいづちを打つ**ことで対処しよう。

言葉は心を持っている

他人の話には無関心で、自分の話ばかりを優先する人は、心に余裕がないのだ。あるいは、「自分の理解を超えた話をされたら困るし、権威も失われてしまう」という意味不明の防衛本能から、先手を打って自分の話をするのである。

自分のつまらない言葉を、聞き手の気持ちを配慮することなく投げつけるのは、あまりに無神経すぎる。胸の内を他者に伝える作業は、実はとても複雑微妙で、時間を要する。**ひりひりした心地よい緊張感を伴う思いやり、そんな心の変換装置があってこそ、言葉は生きる**のだ。

現代は、嘘っぽく、深みも責任もなく、そのくせ妙に響きのいい言葉が無限に発信されている。そんな時代だからこそ、一言の重みを知れと再度強調したい。

最後に、作者不詳のこんな詩をプレゼントしよう。

一つの言葉で喧嘩して　一つの言葉で仲直り
一つの言葉でお辞儀して　一つの言葉に泣かされた
一つの言葉はそれぞれに　一つの心を持っている

もう1つ言う!

適切な言葉を選ぶために、自分の話し方に次の3つの欠点がないかも考えてくれ。

❶ **否定語が多くないか?** 「まだ終わっていません」よりも、「あと2時間で終わります」のほうがいい。

❷ **曖昧な言葉が多くないか?** 「後日再検討ということで」よりも、「1週間後に、今度はブレスト形式で検討しましょう」のほうがいい。「万事よろしく」「そのへんは適当に」なども同類だ。

❸ **上下の区別が極端すぎないか?** 目上に対しては「私」「お食事」と言い、目下に対しては「俺」「メシ」と言うのは、必ずしも悪いわけではないが、もっと誰が聞いてもおかしくない平準化された言い方を考えるほうがいいと思う。

21 自分で気づかない「言葉の悪癖」を直せ。評価が急上昇する！

「なくて十癖」をチェックする

人間にはいろんな癖がある。しかも多くは自分では気づきにくい。もしも自分の悪癖が知らず知らずのうちにビジネスに悪影響を与えていたら？　人間関係を悪化させていたら？　周囲から「またか」と冷笑されていたら？　怖い話だ。

癖の中でも**「言葉癖」は比較的直しやすいから、早く自己修正をかけてほしい**。私が多くのビジネスパーソンと接してきた中で、「こいつはどうかな？」と思わず首をかしげた代表的な悪癖を10挙げる。

チェックしてみよう。

❶ 曖昧な言葉を使う癖

「検討します」「そのうち返事します」「一応、そう思いますが……」などと曖昧な言葉で、その場を取り繕おうとする。できるなら、ズバリ「○月△日までにやります」と言うべきだし、できないなら、はっきり「ノー」と言おう。意見があるのなら、たとえ相手にマイナスであろうと「私はこう考えます」と、ハッキリ言うべきだ。

「**ぐらい**」「**だいたい**」「**一応**」「**いつか**」も曖昧言葉の代表だ。「3日ぐらいほしい」「だいたい1週間後」などと、数字にまでぼやかす言葉をつける。そんなに自信がないの？ だったら数字を出すな！ と言いたくなる。「**はず**」「**つもり**」「**なんとか**」も、よく使われる曖昧言葉である。もっと現実をよく見て、確認してからものを言え！

こんな言葉に心の卑しさがポロリと出る

❷ 言い訳する癖

「**だって**」「**どうせ**」「**でも**」の3D言葉から始まる話は否定的な方向に流れ、聞いていて不快になるものだ。確かにどんな失敗でもどこかに言い訳の入り込む余地があるが、習慣的に言い訳をしていると「こいつは失敗を他人や環境に責任転嫁するタイプだな」「未熟な子供人間」と評価されてしまう。

また、普段はきちんとした人でも、ミスした時に3

D言葉を連発すると、「こいつは自分に甘い人間だったんだ」と正体を露呈してしまう。「頑張れなかった自分が悪い」「ああ、今、言い訳をしているなあ」と意識しているならまだ救われる。3D言葉とは縁を切ってしまおう。「だって」「どうせ」「でも」を、**「できる」「あきらめない」「やってみる」という執念の言葉に置き換えよう**ではないか。

❸「タラレバナ」言葉を使う癖

「もっと上司がよかったタラ」「仕事を任してくれレバ」「休日がもっと増えればナ」というぼやきが多い。これも3D人間と同類の不満人間の典型だ。

❹決まった後に文句を言う癖

決着がついた後になって「部長の発言ってなんなの?」「私は納得できないわ」などと勢いづいたり、「あれでうまくいくものですかね」と冷笑したりする。あるいは、沈黙していたのに、誰かが勇気を出してズバリ発言をすると、「実は私もそう考えていたんだ」などと旗幟(きし)を鮮明にする。決着をつけた人や、最初に勇気ある発言をした人から見ると負け犬の遠吠えにすぎないが、本人は、言っておかないと自分の名誉と権威に影響すると考えている。浅はかな自己満足と、自分の非力を取り繕う姿勢が見え見えで見苦しい。

❺他人のことを気にする癖

断定的な物言いを避ける。自分を押し通す意志力に欠ける付和雷同人間の癖である。言葉はズバリと言い切れ！　と言いたい。**断定しない言葉には力がない**。断定することは言葉に責任を持つこと。言葉どおりに実行することで自信もつくし、信頼も得られる。「あの人は言うことも言うが、やることもやる」と一目置かれるようになろう。

❻「忙しい」を連発する癖

今の時代、仕事は増えても人は増えないのだから、こんなことを愚痴ること自体が時間のムダ。「忙しい」とボヤくヒマがあれば、1分でも2分でも時間を生み出す工夫をするために、たとえば、次のような自問自答をしてみる。「やめられないか」「簡素化、省略化は？」「同時処理できないか」「手順を変えられないか」などである。

❼一般論ですませる癖

「世間的には」「常識的には」といった言葉に逃げ込む。あるいは「あの人がそう言っていた」と、権威者や有名人を引き合いに出す。自己主張をして相手から反論された時に応答できる自信がないので、常識や有名人の威を借りて弱点を補おうとするのだ。

❽やたら謙遜する癖

言葉遣いは丁寧だが、本音が見えない。謙遜することで、自分を売り込みたいという魂胆が裏にあるからだ。「どこが本心なの？　油断ならない人物だ」とマークされてしまう。

❾なんでも「すみません」ですませる癖

すぐに「すみません」と言うが、とりあえず言っておこう式の軽い言葉であり、本心が疑われる。確かに「すみません」は感謝と謝罪の両方に使えて便利だが、たとえば感謝なら、「ありがとうございます」「恐れ入ります」「もったいないことです」「痛み入ります」「光栄です」「お礼の言葉もありません」などがあるし、謝罪なら、「失礼しました」「お許し下さい」「合わせる顔もありません」「申し訳ありません」「お詫びいたします」などがある。これらを相手、時、状況によって正確に使い分けてこそ気持ちが伝わる。

❿「要するに」「だから」「早い話が」をむやみに使う癖

話がダラダラと長い人に限って、こういう言葉が多い。「要するに」「早い話が」と言えば、「次の3つです」「結論はこうです」と話を終わるべきなのに、途中で「だから」を入れて話を元に戻し、繰り返しが多くなる。

❶～❿の悪癖の反対に、評価が上がる言葉もある。その代表が「アオス言葉」だ。

ア……ありがとうございます。

オ……お願いします。

ス……すみませんでした（❾のような軽い「すみません」ではなく、ここぞという時に心を込めて使う「すみません」である）。

感謝、お礼、謝罪などの意味が込められているから、的確に使うことで好感度アップ間違いなしだ。特に年長者には多用しよう。

22 メールでは五感が刺激されない。会って話すという基本に戻れ。

頭脳をネットに侵されるな

仕事上の情報収集やコミュニケーションが、ネットに偏りすぎてはいないだろうか。**人情報や五感情報、直接会うコミュニケーションの大切さ**を忘れてはいけない。スマホを仕事の道具として使うのもほどほどにして、ビジネスパーソンなら、もっと足を使って動いてほしいと思うんだ。

今は車内でも歩行中でもスマホをいじる人が多く、文庫本や新聞を手にしている人が妙に新鮮に映るほどだ。だが、たまにはスマホから目を離し、車内や街を見渡してみよう。スマホからは得られない情報だらけだ。なにより、人間を観察できて面白い。たとえば雑踏の中で、「誰がわが社の製品のユーザーなのか」と服装や雰囲気などから想像してみる。また、週刊誌の広告を見て、自分が編集長になったつもりで記事を考えてみる。車内や街は、頭を遊ばせ柔らかくする絶好の空間なのである。

スマホ命の若者は、「そんなことはバカらしい」と言う。私流に解釈すると、**自分で考えたり、**

想像したり、判断したりするのが億劫(おっくう)**だということ**だろう。みんなスマホがお膳立てしてくれるからね。

でも、自分の頭で考えるのが面倒だとなると、商品開発やマーケティングといった考える系の仕事は、とても無理だ。顧客の表情や会話を深読みし、分析し、次なる展開をする営業系の仕事も難しくなる（百戦錬磨のセールスパーソンはみんな、対面型コミュニケーションの達人なのだ）。

極端な話、スマホ命人間にできるのはルーティンワークしかなくなる。しかし、その種の作業はほとんど標準化、マニュアル化されているから、わざわざ社員がやらなくてもいい。**スマホ命の人間が社員であり続けるのは大変に難しくなる**んじゃないだろうか。

「ネットでいいじゃん」人間の怖い末路

お前のようなアナログ老人に、そんなことを言われたくない、とお怒りの読者諸氏もいるだろう。確かに私はSNSの類には関心がなく、**情報収集は人と会って、人と話すのが基本**。あとは雑誌、新聞などの無茶読みで十分だ。この原稿も手書きだし、まさに時代遅れの化石人間そのものである。

それでも、ン十年と仕事をこなしてきた経験から、あえて言いたい。

時間があればネットとにらめっこして情報収集するのはなんのため？　そんなに広く浅く知っ

てどうすんの？　情報ダイエットが必要なのでは？　たまには、画面派より肉体派、ネット口コミ派より、リアル口コミ派（画面を見るより、歩いて、聞いて、話して、感じ取る情報収集）になったらどうだろう。そのほうが健康にもいい。

私の偏見だろうが、現代人は五感を軽視しすぎている。**世の中の現象や物事は五感で感じ取るのが基本だ。**自分の目で確かめ（眼の感覚）、耳で聞いて（耳の感覚）、会話をして（舌の感覚）、体全体で受け止め（肌感覚）、問題点をピーンとかぎ取る（鼻の感覚）のだ。これが発想力や創造力の源になるのだと思う。

五感を軽視していると、学ぶ力、モノをつくる力、さらには生きる力そのものが低下してくるように思われる。

昨今のビジネスパーソンは過度のネット依存によって五感という大事な本能をへたらしているんじゃないかと心配である。「身につく」という言葉通り、**人間には体を通してしか学べないものがある**のだ。また、体でリアルに感じるからこそ、自分で工夫したり、アイデアを生み出したりできるのだ。

もう1つ怖いのは、**ネット依存になると、人間の顔を見て会話するのが面倒になる**ことだ。「人と話すなんて時間のムダ、ネットで情報取ればいいじゃん」となり、他人という存在そのものに興味や関心を示さなくなる恐れがあるんじゃないか。

人はスマホの画面上ではなく街の中で成熟していく

私のような恐れを抱く人は決して少数派ではないらしく、最近は言葉によるコミュニケーションの大切さを重視する会社が増えてきた。

K社では、「オフィスに必要なのは、パソコンにあらず。パソコン時間を人とのコミュニケーションにあてよ」と、社内のコミュニケーション時間を強制的につくっている。

また、I社は工場にあった個人用パソコンを撤去。使いたい時は制限時間60分の共有パソコンに向かうようにした。その結果、部内で話し合う時間が増えて、新商品の投入が増加し、売上高の新商品が占める割合が5年で4割から6割に増えたという。

さらに、キヤノン電子では、酒巻久(さかまきひさし)社長自らが、大事な用件は「**一に面談、二に電話、三に仕方がないからメール**」という方針を打ち出している。

確かに、メールには非能率な面がある。私の周囲にいるメール依存症人間は共通して、要点を文章にまとめるのが下手。電話1本ですむ用件を何度もメールでやり取りして、それだけで1日を終えてしまう(苦笑)。**大事な用件は即電話をする。この当たり前のことを忘れているんじゃないのか?**

くどいようだが、もう一度言うよ。ネット族よ、スマホ命人間よ、ＩＴ機器を離れて、街を歩け。**発想は街にあるんだ。**億劫がらずに人と会って、違う個性や才能を持った人たちと話せ。互いの考えや気持ちを伝える努力、理解する努力をせよ。時には議論して、互いの違いを乗り越えよ。**真正面から向き合ってこそ、真の人間関係が成立するんだ。**

「人は人によって磨かれていく」という。何歳になっても、どんな肩書や地位があっても、人は人と関わり合うことでしか自分を成長させることはできない。つまり、コミュニケーションの質や量が人間の器の大きさを決めるということだ。個性や才能の違いを知り、受け止め、自分に還元していこう。

もう１つ言う！

人間の学びは、ネットよりも、次の３つの「上錬磨」にある。

❶ **事上錬磨**……おのれの体験に学ぶ。「経験こそ我が師」の精神で、毎日１つずつ新しい体験をするよう心がける。

❷ **人上錬磨**……人に接して学ぶ「我以外みな我が師」の精神で、足まめ、電話まめ、世話まめになれ。

❸ **書上錬磨**……本を読んで学ぶ。読んだら人に話せ。頭が整理される。そして知識を知恵に変えていこう。

23 「私は強い人間になる」と声に出せ。自分の言葉で自分を洗脳するんだ。

「自分を強くする洗脳」私の方法

私は「自分を強くする言葉」なるものをつくり、もう50年近く、声に出して自分に聞かせている。「言葉は力なり」という通り、**声に出し続けると言葉は脳に定着し、信念になり、やがて揺るぎない確信となって行動につながる。**自分の言葉で自分を洗脳(!?)するのは、人生の向上に意外と効果があるのだ。

スランプを克服した、嫌な奴と仲よくなれた、苦労の末に目標を達成したといった自己体験を、教訓めいた言葉にまとめてみよう。そして毎日声に出してみる。仏教詩人・坂村真民氏の有名な言葉「念ずれば花ひらく」ではないが、たとえば「自分は強い人間だ、強い人間だ」と念じれば、念じたように強い人間になれるのだ。

そこで、私が早朝6時から発声し、自分を洗脳し続けている「自分を強くする言葉」を紹介しよう。

「何もしないで取り澄ましている人間よりも、何かをして、そして恥をかく人間のほうがどれだけましかわからない」「人は人に笑われて成長する」「恥をかくのは試練の始め、恥を知るのは向上の始め」

「これでいいはずがない」「人よりほんの少しよけいの苦労と、人よりほんの少しの努力」「人間、ちょっとの差をバカにしてはいけない。能力の差は小さいが努力の差は大きい」「凝れば成る！」「人生、1歩、1センチメートル、1ルックスの違い」

「私はできる、私は強い、私は克つ。私はできる、私は強い、私は克つ。私はできる、私は強い、私は克つ」「他人に勝つより、自分に克つ！」

長く声に出し続けているので、これらの言葉は、もう自分教と言ってよい（信者は私一人）。

「あなたの商品価値はなんですか」

これらの言葉は、大企業での会社員時代（係長止まり）のさまざまな失敗体験と、35歳で独立してメシを食うのがやっとという貧乏体験や劣等感との格闘から生まれた。もう時効もいいところなので、若かりし頃の恥かき体験を2つ紹介しよう。

1つは、「F社長の手紙」だ。

独立して3年目までは順風満帆、充実の日々だった。ところが4年目にさしかかって、パタリと仕事が途絶えた。親子4人で月収が5万円。それで半年以上食いつないだ冬、私は「仕事をいただけないでしょうか」と、かつての子会社の社長室で土下座をしていた。開き直ったクソ度胸で、見栄も外聞もなく、「お願いします」の大声を発しながらひたすら土下座。それでもF社長は会ってくれない。居留守を使ったのだ。奥で社長の話す声がハッキリ聞こえた。受付嬢はオロオロしながら「本日のところは申し訳ありませんが」と言うばかりである。悔し涙がコンクリートの床にポロポロと落ちた。

3日後、F社長から毛筆の分厚い手紙が届いた。「仕事の依頼か？」という甘い期待はすぐに打ち砕かれた。F社長は情け容赦なく、こう書いていた。

「守谷さん、自由業になったんだから**実力で勝負をしなさい**。なんですか、昨日のみっともない姿は。あなたは世間様から同情をもらって仕事をするほど能力のない情けない人間なのですか？コンサルタントなんてあなた1人じゃない。掃いて捨てるほどいるんです。**あなたの商品価値はなんでしょう**。会社時代からあなたの名は多少世間に出ていましたが、それは会社の看板を評価されたものであって、あなたの実力じゃないんですよ。こんなこともわからない甘えたあなたには、ほとほと絶望感を抱かざるを得ません。**実力で勝負できないんだったら、今の仕事から即刻引退されてはどうですか**」

F社長は50歳前後。生産管理では若輩の私が注文をつける立場にあったが、温厚な人柄なので、仕事以外では人生相談に乗ってもらっていた。その人がこんな手紙とは……。私は人格を否定され、辱められた気分になり、人前をはばからず土下座した自分がみじめで情けなくてならなかった。

不遇の時は努力をしながらチャンスを待つ

もう1つは、その2ヵ月後に遭遇した「評論家の教え」である。

高名な女性の評論家と対談するというラジオ番組の依頼が来た。緊張に震えたが、「有名評論家といっても同じ人間だ」と自分を激励しながら放送局へ向かった。懐には札束状に切った新聞紙が200枚。相手を見て怖気づいたら、「俺は月収200万取ってんだ」と、ポーンと胸を叩いて自信を取り戻すという低次元のおまじないであった。

ところが、その評論家先生は私を見るなり、急に「私はこの方と対談したくありません。番組を降ろして下さい」と申し出たのである。プロデューサーが理由を聞くと、「守谷さんの顔を見ていると、話そうという気持ちが湧いてこないからです」という肝を潰すような答え。私が「どういうことですか」と必死の抵抗を試みると、先生はこう言った。

「あなた、コンサルタントは人前でしゃべるのが職業でしょ。なのに、あなたは疲れ切って意欲のない弱い顔をしている。そんな方とこれから30分も話すなんて、とてもできやしませんよ。**顔というものは『自分のもので人のもの』。人様のやる気にも影響を与える**ってこと、よく考えてみて下さい」

先生のお言葉は心底こたえた。結果的には放送時間60分のうち40分以上、先生は私の顔を見ず一方的に話し、私はあいづちを打つだけであった。

その先生が帰り際に話して下さった言葉が、後々のありがたい教訓になった。

「守谷さん、**不遇のときはタメ（溜め）の努力に徹しなくてはダメですよ。何かをしながらチャンスを待つことです**。とりあえず、あなたの体験したことを原稿用紙に1日に3～4枚ずつ書き続けてはどうですか」

私は担当していた合宿研修の記録を綴ることを思いついた。この「タメの努力」がいつか必ずものになるんだと自分を激励したものだ。

私の人生の師は、両人とも厳しい方であった。その教えは終生忘れまい。私は「人間が成長していく過程では、一時小さく止まる時がある。そんな時でもタメの努力を続けよ」と学んだ。私の「自分を強くする言葉」には、そんな意味も込められているのだ。

もう1つ言う!

自分を強くする「日本一短い言葉」を君に贈ろう。

「**続けよ**」「**逃げるな**」「**体を張れ**」「**人の話をよく聞け**」「**危機の際にあわてるな**」「**理屈より熱っぽさを持て**」「**能力以上の荷をかつげ**」「**言葉を肯定的に使え**」「**誇りを持て**」「**勇気を持て**」「**我慢をせよ**」「**凡ミスの責任は自分で取れ**」「**声を出せ、声を出せ！**」

守谷語録Ⅱ

□ ハツラツとした態度に人は耳を傾ける。

□ 感情から湧き出る言葉で話す。
一般論だけで話さない。「べきだ」「世間は」「常識だ」といった常套句は禁句。

□ 「能力の限界」と軽々しく言うな。それは「執念の欠如」でしかない！

□ 冒頭の100語は、
後に続く1万語よりも大事。

□ 「あの人の言葉だったな」と相手の脳裏に刻み込まれるような**自分独自の個性的な言葉**で話す。

□ **わかりやすい話**をせよ。

□ 何を言うかではない。**どんな思いを持って何のために**言うかである。

□ 言葉以外の表情、声、姿勢、しぐさといった**非言語的な要素**が、話に大きな影響を与える。

□ 苦手な人にはメールで対応せず、もういっぺんの勇気を奮い起こして、**直接、相手の顔を見て話して**みよう。

□ **「前例がない」**は禁句の1つ！

□ 虚勢も張り続けていれば本物になる。

□ 話の冒頭では、「言いたいことは3つです」「結論から申します」と言って聞き手の心を惹きつける。

□ 相手の話に質問をすると好感度が高まる。

□ お客様の自尊欲求をくすぐらないセールスは、商品知識で勝っても商談に負ける！

□ 1日に1回はハートのある美しい言葉を口にする。

□ 人に近づく一番の手段は、人の言葉に耳を傾ける能力を磨くことだ。

□ 「伝えた」よりも「伝わった」話し方をせよ。

第3章

君よ、周囲360度に気を配れ。

人はどのようにして、好かれる存在になっていけるのか？

ズバリ言う。決め手はマナーと品性である。

人間の好き嫌いはさまざまだ。たとえば、君が野性的なら「粗暴」と嫌われるかもしれない。知性的なら「冷たそう」と敬遠される恐れがある。積極果敢なら「押しつけがましい」と誤解されがちだ。

そういう嫌悪や敬遠、誤解を一気に取り払ってくれるのが、マナーと品性なのである。

なぜか。マナーと品性が万全なら、君がどんなタイプであっても、誰もが好感を抱かずにはいられないからだ。

たとえば、いつもＴＰＯに合った清潔な服装だ。

顔の造作は別として、笑顔を絶やさず、表情が爽やか。

大きな声でまっ先に挨拶をするし、相手によってお辞儀の角度をきちんと変える。

時間厳守であり、行動が早め早めだ。

「ありがとうございます」「お願いします」「すみませんでした」というビジネスの基本となる言葉を欠かさない。

きちんとした敬語で話す。ジョークは言うが、決してぞんざいな口はきかない……などなどだ。

たとえ、野性・知性・積極性を嫌う人であっても、こういう人には好感を抱くに違いないのである。

「そんな当たり前のことでマナーと品性はＯＫなんすか」という疑問は野暮というもんだ。

当たり前のことを、心を込めて間違いなくやり続けることが品性であり、マナーの徹底だと知ってほしい。

小さなこともおろそかにしない「凡事徹底」の男こそが信頼され、人に好かれるのだ。

ビジネスの大部分は人間関係だ。人間関係は感情に左右される。どんなに能力があろうと、実績を重ねていようと、「嫌な奴だ」「最近どうも信用できない」と思われては、ビジネスは頓挫するのである。

昔、ある会社にいた接待の達人を思い出す。

何人もの講師を接待する席で、たとえば私の後ろの人と熱心に話している最中、絶妙のタイミングで私のほうに振り返り、空になりかけたグラスにサッと酒を注ぐ。背中に眼がついているとしか思えない。

さらに、「先生のそのシャツ、○○じゃありませんか」と、私が愛好しているブランドの話を振ってくる。「実にお似合いですね」と褒(ほ)められれば、いい気持ちにもなろうというものだ。

こうして全員を心地よくさせ、頃合いを見計らって「では、私はこのへんで……」と切り上げる。

飲み足りない講師には「部下が二次会にご案内します」と耳打ちする。

接待はこうでなければいけない。

常に360度に気を配れ。

自分は楽しまなくていい。仕事中の時間は自分のものではないし、顔も自分のものではない。他人を快くさせる看板にすぎないのだ。

成功の鍵は、誰もが知っていて、誰もができるのに、誰もがやれないでいることを誠実に続けることである。

マナーと品性を身につける「凡事徹底」こそ、成功の鍵なんだ!

24 礼儀正しい人は好かれる。人に好かれればチャンスに愛される。

外面を磨くと内面も評価される

「仕事は結果でしょ」と放言して挨拶や言葉遣いを軽視する部下の話を7項でしたが、そういう奴は礼儀やマナーも守れず、身だしなみにも無頓着なものだ。仮にオシャレなシャツを着ていても、襟元（えりもと）が不潔だったりする。周りへの気配りができないんだね。

そんな部下には、こう話してやろう。「ビジネスで成功したかったら、人に好かれること。**ビジネスチャンスは人が運んでくる。つまり、人に好かれる人はチャンスにも恵まれる。**まずは好感度の高い外見をつくれ」と。なりふり構わず働いていても、身なりはちゃんと整えるのが本当のプロだと教えてやるのだ。

ビジネスでは、外見を整えることはコミュニケーション戦略である。外見で信頼感を演出するわけだ。外見がきちんとしている→信頼できそうな印象→好感度が高い→先輩、上司が何かと目をかけ、声をかけてくれる、というサイクルが存在する。なぜなら、それが人情っていうものだからだ。

ＴＰＯに合った服装、清潔感のある身だしなみを常に保とう。

挨拶なら、日常のすれ違いの挨拶は会釈の15度、顧客を訪ねる、迎える時には敬礼の30度、謝罪には深々と頭を垂れる40度、といった基本行動が取れていれば相手は合格点をくれ、謝罪の場合ですらも好感を持たれるだろう。

挨拶は人間関係を築く潤滑油であり、挨拶ができない人は、仕事力が１００点でも評価されないと言ってよいくらいだ。礼儀格差は販売格差につながるのである。

容貌よりも表情が顔を決める

言っておくが、**顔（美醜ではなく表情）もマナーの1つ**だからね。お客様には、疲れた顔、元気のない顔は絶対に見せてはいけない。疲れが顔に出るほど働いていても、そんなことはお客様にはどうでもいいことなのだ。優しいお客様なら「仕事、大変なんだね」と同情はしてくれるだろうが、しょせんそれだけ。**同情されるうちはアマチュアレベル**だと自覚しておこう。
お客様は君の**努力にではなく、あくまでもQ（クオリティ＝品質のよさ）、C（コスト＝安さ）、D（デリバリー＝納期厳守）にお金を払ってくれる**のだ。次の「守谷流顔の哲学」を意識して、いい顔を保ってほしい。

❶顔は知性の看板である
❷顔は個性の表現である
❸顔は容姿の集約されたものである
❹顔は心身の健康管理のバロメーター
❺顔は「これでメシを食べています」というプロの決意の表れである

好感度人間になるには、顔、声、姿勢といった外見のマネジメントが必要なんだ。具体的には**出勤前の10分間を利用して、「今日も元気で姿勢よく！」と声に出し、簡単なストレッチをやる。次に「今日も笑顔で！」と声に出し、アイウエオと口を上下左右に動かす表情筋訓練をやる。**最後は「今日もよい声で」と声に出し、新聞のコラムなどを音読する……といっ

た具合だ。いい姿勢、いい顔、いい声は、急にはつくれない。こんなちょっとの準備を継続することだ。

真夜中に完敗した営業担当者の話

礼儀やマナーについて勘違いした部下には、こんな事例も聞かせてあげよう。

「夜中の11時30分、A君（27歳）のもとに、プレハブ住宅物件購入の件で話がしたいと、B社長から電話が入る。A君は、やってられないなぁとベッドから起き、眠い目をしょぼつかせながら、ヨレヨレのネクタイ、ボサボサの髪で5分遅れで到着したが、そこで驚いた。真夜中だというのに、パリッとしたスーツとネクタイ姿で輝く表情の他社営業担当者3人が商談中だったからだ。茫然と立ちすくむA君に、B社長は『そんな格好で何しに来たんだね。眠いんなら来なくていいのに』とけんもほろろだ。

勝負あった。『お客様は身勝手なものだ。理不尽な要求を勝手気ままにしてくる』と恨む前に、ヨレヨレの姿で遅刻した自分を反省しなくちゃいけない。もしA君に『私の営業時間は夜の9時まで』と言い切れる実力があれば、堂々と相手を説得すればいい。いずれにしても、**お客様相手の仕事では、いつどこで会ってもパシッとしたイメージを与えることが肝心だ**」

私なりに「大人の礼儀」を挙げるとすれば次の7項目だ。「**背筋を伸ばし、姿勢や態度をきちんとする**」「**つまらなそうな顔はしない**」「**言葉遣いに気をつける**」「**敬語を文法的に正しく使え**

る」「**慣用句や四文字熟語の意味を正しく理解し誤用がない**」「**状況に合ったふさわしい言葉選びで表現できる**」「**してもらったことについては感謝を二度述べる**」ということになろうか。

人はどこを見て好感度人間と評価するのか。次の3つのポイントを知っておくといい。つまり、人は常時ここを見ているわけだ。

❶**体から受けるイメージ**……元気な声、輝く目、明るく爽やかな表情、引き締まったボディ、テキパキと歩く姿など見た目の印象だ。「男は腹を出さずに胸を出せ!」である。輝く人には体力がある。

❷**行動から受けるイメージ**……レスポンスのよさ、バイタリティある行動、積極的な態度・行動などを指す。

❸**性格面のイメージ**……笑顔による親和感、情緒の安定感、楽天性、聞き上手、挨拶上手、質問上手など、いい意味でオープンなパーソナリティだ。

25 小さな遅れが人生の遅れにつながる。時間を前倒しにして早めに動け。

遅刻は利益を奪う

言うまでもないが、礼儀、マナー、気配りの**基本は時間厳守**である。遅刻して「たった1～2分じゃないですか」と言語道断の言い訳をする若い社員がいるが、許してはいけない。厳しく注意するべきである。でないと、1分が10分、10分が20分になって商談破棄、もう訪問お断りなんてこともざらにあるからね。

時間にルーズな社員には、こんな話をしてあげよう。

大手広告会社の営業Aさん（40歳）は、時間の鬼と言われている。新人時代のただ一度の例外を除いて、クライアントとの約束に一秒も遅れたことがないからだ。電車が止まろうが、体調不良だろうが、大災害があろうが、いかなる状況でも時間を厳守する。

なぜか？　新人時代の「たった2分」の一度の遅刻で手痛い目にあったからである。

入社半年の頃、ある営業先に、約束に2分遅れて到着した。Aさんは、2分なら許容範囲だろ

う と先方の担当者に頭を垂れた。だが、甘かった。担当者は遅れを許さず、**時間意識のない人間は営業職の風上にも置けない**と厳しく彼を非難したのだ。汗まみれになって言い訳しても、聞く耳を持たない。それどころか、「**約束時間を守れない社員のいる会社とは仕事の契約などできない**」と、Aさんの会社自体を出入禁止にすると言い渡す始末だ。

Aさんは次の訪問には上司に同行してもらった。担当者は上司の同行ということで会ってくれ、少しは丁寧に対応してくれたが、強硬な態度は変わらない。「それほどおっしゃるなら今回だけは……」と切り出したので一瞬ホッとしかけたのだが、「見積もりの4割であればお受けします」と強談判(こわだんぱん)してきた。

とても呑める条件ではなかった。だが、遅刻をした以上、「それはムリです」と断ることもできず、泣く泣く要求を呑んだのである。先方の担当者は、Aさんの**遅刻を勝機ととらえ、尊大な態度で攻撃し、交渉を有利に進める戦法**を取ったのだ。Aさんも上司も、それに屈するしかなかった。

Aさんは、わずかの遅れでも重大な結果をもたらすことを痛感し、時間の鬼となったのである。その後、Aさんは多くのクライアントから信頼されるようになり、社長表彰を何度も受けるほどの営業職に成長した。手痛い教訓を見事に活かしたと言える。

こんな「時間泥棒」になるな

時間厳守をうるさく言うのは、ビジネスパーソンは時間泥棒になってはいけないからでもある。

自分にとっての2分は、相手にとっての30分、いや1時間であるかもしれない。

よく「時間がなくてね」「時間がもっとあればなあ」とぼやく人がいるが、意外にも、そんな連中が無意識のうちに時間泥棒になっていることが多い。

時間泥棒には次の2種類がある。自分が該当していないかチェックしてほしい。

❶外面的時間泥棒（人の時間を取る行為）

たとえば、「自分で調べもしないで、一から十まで人に聞く」「相談がいつの間にか雑談になる」「アポイントを取っておきながら遅れてくる」「要領が悪く、結論のないダラダラ報告」「苦情などに迅速・適切な答えが出せず、すみません、申し訳ありませんを繰り返してペコペコするだけ」などだ。

❷内面的時間泥棒（自分の時間をムダにする行為）

たとえば、「相手の長電話や長文メールのペースに合わせてしまう」「不意の来訪客なのに断れない」「仕事の最中にダラダラと情緒的な話をする」「仕事を頼まれると、なんでもかんでも引き受けてしまう」「上司のニーズをしっかりと聞かずに仕事を進めて、後でやり直しを命じられる」といったことである。

若手社員には、職場の中で**盗んでよいものは先輩社員の経験・知識・技術であり、盗んで悪いものは他人の時間である**と言ってやろう。

「時間と命には限りあり。されど、我が知（学ぶこと、修練に励むこと）には限りなし」とは、私の父親の生前の言葉だ。私の「明日はなんとかなる」という口癖を、心の怠慢病だと厳しく叱責した時に言われ、今でも耳に残っている。

早め早めはあらゆるビジネスのガイドライン

リーダーよ、**小さな時間にこだわれ！**　と若い部下に伝えよ。**時間を守らない人間や時間泥棒は、どんなに有能でも軽く見られる**ということも教えてやろう。

小さな遅れが人生の遅れにつながる。
時間を前倒しにして早めに動け。

研修会でも、遅刻して、「すみません。車が混雑してまして」「電車が遅れまして」などとピョコリと頭を垂れる受講生がいる。そんな時、私は、こんな皮肉をぶっ放す。「これが顧客との1億円の契約だったら、どうするネ?」ってね。

渋滞だの電車の遅延だの言う前に、**時間を前倒しにして、早め早めに行動する**ことだ。私は研修会に、いの一番に来た人は全員の前で褒めることにしている。規則正しい生活習慣ができているに違いないからだ。

時間を守る、盗まないという当たり前のことができないようでは、ビジネスマン失格もいいところだ。「時間は命なり」である。

「時間を制する者はビジネスを制する」という言葉もある。時短や働き方改革が叫ばれ、**時間内にきっちり仕事を仕上げ、明日の企画を考える時間を生み出す**人が優秀、時間に追われ、残業続きで、明日の企画をじっくり練る時間もない人は無能……というイメージが定着しつつあるのだ。

普段から守るべきこと、やるべきことを習慣化しておこう。そういう生活態度が、時間にシビアな自分をつくっていくんだ。

もう1つ言う!

時間を味方につける上で、もう1つ大切なのは、「継続して待つ」ことだ。「**営業は断られた時から始まる**」という。「君子は交わり絶ゆとも悪声を出さず」(できる人間はつき合わなくなった相手でも、悪口は言わない)という『史記(しき)』の言葉もある。たとえば営業でノーを言われたら、まず「**私の力量不足でご迷惑をおかけしました**」と反省の弁を述べ、「A社とご契約されたとのこと。A社は伸び盛りの会社ですから、本当によかったですね」と爽やかな印象を残して去る。そして、頻度をよく考えながらだが、**その後も訪問を続けるのだ**。

「性懲りもなく来るね」と言われるかもしれない。しかし、やがて「今度チャンスがあったら、交渉の場くらい持ってやるか」と相手の心境が変わるかもしれない。

時間に遅れない、人の時間を盗まない、に「継続して待つ」が加われば、時間を強い味方にできるのだ。

26 本物の気配りとは、当たり前のことをバカにせず徹底実行すること。

基本厳守は成功の王道

私は常に、「**人材育成の90％は、日常業務を通じて達成されるべきである**」と意識している。なぜなら、ビジネスパーソンの能力や人間力の差は、実のところ、日常業務のちょっとした差でしかないからだ。

その差とは、基本ができているか否かということ。これは職種、年齢、性別を問わない。入社1年目、3年目、いや10年目であろうと、基本を守ることの大切さは同じだ。これを「**凡事徹底**」と言う。あるいは禅の言葉を借りて「**脚下照顧**（きゃっかしょうこ）」（**足元の基本を見つめることからスタートする**）と言ってもいい。

我々の生活は元来、比較的些細（ささい）なことから成り立っている。その**些細な行動の繰り返しによって、全人格は形成される**。プロを目指す者は、一見つまらなく見える些事（さじ）を、決しておろそかにしてはいけない。

先年、石川県和倉温泉の老舗・K旅館に泊まった時も、それを痛感した。

K旅館は、規模は中程度だが、固定客が驚くほど多いらしい。理由は、到着してすぐにわかった。たとえば、美人の女将（おかみ）が全50室を「ようこそ、いらっしゃいました」と挨拶して回る。すれ違う仲居さんもみんな「いらっしゃいませ」と会釈する。外出の時も、「行ってらっしゃい」「お帰りなさい」の言葉をかけられる。靴もピカピカに磨かれていた。

女将に「お宿の方針は？」と聞くと、「感謝と誠意の気持ちを、全員が形や行動の上で表していくことです」と、サービス業として当たり前の言葉が返ってきた。**まさに凡事徹底**。基本をおろそかにせず、きちんと実行していることが繁盛の理由だったのだ。

誰にでもできるのに、誰もやろうとしないことを、継続してやる

K旅館に限らず、成功している企業や店の共通点は、次の3点に絞ることができる。

❶ **基本的なポリシーが隅々まで徹底されている。**
❷ **小さなことも、おろそかにしていない。**
❸ **仕事上の決め事を、一人ひとりがキチンと実行している。**

特に競争が激しくなった時には、例外なく、このような企業や店が勝者となる。つまり、「**基本的なことを、細かい点まで、順序よく、一人ひとりが実行し続ける**」ことは、差別化戦略の一つに十分なり得るのである。

これは人にも言える。私が出会った多くの経営幹部たち、つまりビジネスパーソンとしての成功者の共通点は、若い頃、**誰にでもできるのに誰もやろうとしない、当たり前のことを継続してきた**、ということだった。20代で当たり前の基本をひたすら実践した人が、30代から大きく飛躍できるのだ。

逆に、当たり前のことが確実に実行されない企業、当たり前のことが当たり前のこととして通らない企業、計画が計画通りに進まない企業、計画が計画通りに進むと社員が信じていない企業……は決して優秀な会社になれない。

陽明学に「知行合一（ちこうごういつ）」という言葉がある。真の知識は行動と一致しなければならない、行動の伴わない知識は真の知識ではない、ということだ。成功したかったら、誰にでもできるのに誰もやろうとしないことを継続しよう。凡事を徹底すれば非凡になるのだ。

独創や個性発揮もいいが、まずは基本の型にこだわるとしよう。すると圧倒的な差がつく。ビジネスがどのように変化しようとも、仕事の基本動作に変わりはないからね。

凡事徹底13のチェック

さて、ここでチェックだ。以下に挙げる「凡事徹底」に、どのくらいの○印がつくだろう。入社5年以上の人なら、全部○といきたいところだ。

❶**仕事の手順と急所を知り**、基準・原則を守って進めている。

❷上司から指示・命令を受けた時の4する主義（**返事をする、メモする、復唱する、質問する**）を習慣にしている。

❸上司の指示がわかったら、開始前に、「～の通り、始めます」という確認メールを送っている。

❹ＤＰＤＣＡのサイクル（**デリバリー：納期・締め切り日を決めてから、計画、実行、評価、改善**）の手順を回している。

❺上司から催促される前に中間報告を行っている（悪い報告ほど早く）。

❻時間は常に前倒しにし、仕事は正確さ・速さ・成果（品質のよさ）をモットーにしている。

❼５Ｓ（**整理、整頓、清掃、清潔、躾（しつけ）＝習慣化**）を徹底している。

❽会社・部署のルール・規則・約束事を守っている。

❾出勤時、退社時の挨拶を励行している。

❿相談に乗ってもらったら、「おかげさまでこうなりました」の**事後報告を忘れない**。

⓫年長者に接する時には敬語を使い、経験とスキルに尊敬の念を抱いている。

⑫「ありがとうございます」「お願いします」「すみませんでした」のアオス言葉を日常用語として使っている。

⑬仕事の4大管理である「**スケジュール管理**」「**行動の仕方の管理**」「**納期の管理**」「**ワークストレスの管理**」を意識して仕事を進めている。

「全部当たり前のことじゃないか」と軽視してはいけない。**当たり前のことを心を込めて間違いなくやり続けるの**は、容易ではないのだ。「そんなことはわかっている」と嘲笑するのもダメ。そういう人に限って、「わかっているつもり」「やっているつもり」になっているものだからだ。

もう1つ言う!

入社1年未満の新人は、右の13項目に、次の7つをプラスしてチェックしてほしい。

⑭**自分の名前をハッキリ、ゆっくりと言う。**

⑮**自分のことは「わたくし」と呼ぶ。**

⑯**「はい」という返事は、つとめて明るく言う。**

⑰**「ありがとうございます」を常に笑顔で言う。**

⑱**歩く姿勢、座る姿勢、立つ姿勢、言葉遣いの「4つの姿勢」を正す。**

⑲**期待以上のクオリティを目指す。**

⑳**ベターからベストの方法を考える。**

27 有能なだけでは「可愛げがない」と見られる。もっと相手の自尊心を満たしてやれ。

上司に可愛がられる部下になれ

上司にあまり頼らず、自分の能力だけで勝負しようとする人がいる。そういう人は積極果敢な自立人間として、それなりには評価されるだろう。だが、上司に「**可愛げのない奴**」という**マイナス印象を与えるために、伸び悩む恐れがある**。もっと上司に対するフォロワーシップを身につけたほうがいい。

たとえば、アメリカのエリート校ウエストポイント（陸軍士官学校）に入学した生徒たちも、フォロワーシップを徹底的に叩き込まれるという。新入生は、最初の1年は「はい」「いいえ」「わかりません」「申し訳ございません」という4つの言葉しか口にしてはいけない。そうやって絶対服従を強いられる間にリーダーの行動を観察し、フォロワーシップを学ぶのである（吉越浩一郎『会社を踏み台にする生き方』）。

リーダーは、若い社員に向かって「将来いいリーダーになるためにも、君はフォロワーシップを学ぶべきだ」と話してやろう。「自分との接し方はこうしなさい」とか、「私をもっと活用したほうが君の得になるよ」とズバリ教えてやるべきだ。

部下は、人に仕えるというのはどういうことか、つまり、**人に仕える者の心構えと責任、人に仕えることのつらさ、そして人から感謝される喜び**などを学ぶ。そして、一時期はいい意味での下積みに徹して、上司や先輩の役に立てる存在になるために心身ともに没頭する。それでこそ上司や先輩の苦労がわかり、人の心を深く理解できる。やがては自分が人を動かすリーダーになれるのである。

実際、賢い部下はみな、リーダーの価値観、仕事スタイル、流儀、クセ、組織で果たしている役割などを観察し、その上で、リーダーにどう対応すればいいのか、どうコミュニケーションをとればいいのかを探っている。上役の真似をし、型を取り入れ、それが自分の仕事に役立てば、リーダーにその旨を報告することも忘れない。

こういう部下は、上司から「可愛げのある奴」と高く評価されること間違いなしだ。

「絆」の結び方

部下は上司の立場を理解するために、最低限、次の5つを知っておきたい。

❶上司は上に向かっては部下の利益を代表し、下に向かっては経営者を代表するという二重の役割を持つ。上下の中間という困難な立場にある。

❷上司は部下を育成し保護する立場にある。

❸上司は上層部に対して補佐する立場にあり、部下に対して統括する立場にあり、その中で責任を果たさなくてはならない。

❹上司は部署の全責任を負う。部下の行為にも責任を負う。

❺上司は責任を果たすために、時に部下に依存し、時に部下を援助する。一方、部下も上司にアドバイスなどを求めて依存しなければならない。つまり両者は相互関係にある。

ただし、上司は指示・命令する人、部下は指示・命令を実行する人という一方的な関係ではなく、**部下が上司との関係を主体的に築いていくことで、職場のストレスは減る**。賢い部下はボス・マネジメントをしているということだ（9項参照）。

これを上司の側から言えば、公的な権限だけで部下をマネジメントする時代は終わったということだ。部下に大きな影響力を発揮し、「この上司について行きたい」と言わしめるには、日頃から「私は君を大切に思っているよ」というメッセージを部下に送り続けることが大事である。「上司は自分を気にかけてくれている」と感じることが部下にとって一番嬉しいこと。信頼の絆

もそこに生まれるんだ。

また、上司との接し方については、次の点を知っておきたい。

❶どんな上司であっても、上司は上司であることを忘れない。

❷上司も人間なので、欠点やマイナス面もある。

❸上司の価値観をはじめ、仕事観、人間観、評価の方法、部下に対する期待などを知る。

❹リーダーが今一番何を知りたがっているかを知り、サポートせよ。

❺上司と議論はしても最終的には従う。上司と喧嘩しても勝ち目はない。

❻上司の悪口を言ってもプラスにはならない。悪口は尾ひれがついて周囲に伝わる。

❼上司に会社の悪口を言うな。それは上司を非難していることと同じだ。

❽上司を助けるために、よい仕事をせよ。「2」**の仕事を任されたら、**「3、4」**の仕事をオマケして、上司に貸しをつくれ。**

❾上司を敬遠せず、進んで助言や忠告を求める。私事の相談に乗ってもらってもよい。ただし、甘えすぎはいけない。

「大切なのは上司と部下という上下関係ではなく、個人を尊重して対等に向き合うことでしょう?」とのたもうフラット志向の部下がいる。だが、人間として対等というのならわかるが、実力面で対等なんて言えるのか? **上司と部下は、愛情と信頼でつながる上下関係である**ことを再確認するべきだ。上司と部下が友達のように仲むつまじいことは好ましいが、上司と部下は友達などではないのである（2項参照）。

「上司とは価値観が違うから相談なんかしないね」と利口ぶる部下もいる。だが、本当に**利口な部下は、何かとこまめに相談に行き、上司の「頼りにされたい」という自尊心を満たしていること**を知るべきだ。

「上司が権限を独り占めして権限を与えてくれない」と愚痴る部下もいる。だが、そういう奴に限って、「上司の権限の仕事のどの部分を委譲してほしいの？」と聞くと答えに詰まるものだ。早い話、上司の仕事を知らないのだ。それで権限委譲を口にするなんて問題外である。

中には「上司って何ですか？　僕らのためになる存在なんですか？」という仰天質問をする部下もいる。上司についてここまで無知だと、フォロワーシップを発揮できないどころか、組織人としての仕事に支障が出てしまうぞ。冗談がきついぜ！

もう1つ言う！

リーダーには次の4つの力量が必要である。

❶リーダーとしての役割を発揮すること（引っ張る力量）。
❷アドバイザーとしての役割を発揮すること（助言者としての力量）。
❸エンターテイナーとしての役割を発揮すること（のせる・その気にさせる力量）。
❹インストラクターとしての役割を果たすこと（教える力量）。

28 人の本性は引き際に表れる。何事も「終わり」をスッキリせい！

飲み会のポイントは酔い方よりも帰り方

人の本性は、終わり際（帰り際、引き際、別れ際、去り際）に表れるというのが私の持論だ。終わり際が未練がましいと、「ケジメがない」「決断力不足」と見られ、その人の価値を下げる。何事も「過ぎたるは猶（なお）及ばざるが如し」（『論語』）なのだ。要注意の４つのケースを紹介してみよう。

❶酒はダラダラ飲むな。

仕事後の仲間との飲み会は社会人の楽しみの１つ。だが、１杯が2杯、３杯となり、ついには無制限になって最後の最後まで居座る奴もいれば、さあこれからという時に、サッと立ち上がる奴もいる。**「まだいいじゃないか」と引き止められても、「じゃ！」と軽く手を振ってスッキリ別れる。**去り際はこれでいい。

問題は残されたメンバーだ。１人が「じゃあ、自分も」と立とうとすると、別の１人が「もう少しつき合えよ。自分もすぐに帰るから」と引き止めてズルズルと飲むケースが多い。引き止める人も未練がましく、帰りかけて座り直す人も情けない。

飲み会でけじめがつけられないのは、単に人がいいとか酒好きとかいうよりも、意思決定ができない性格だからなのだ。少なくとも周囲からはそう見られる。一事が万事で、やがて仕事にもそれが反映してゆく。帰りたくなったら、すぐに帰ることだよ。ただし、帰り際に「英会話の勉強があるから」などと口にするのは嫌味。黙って去れ！

口をつぐむのも仕事のうち

❷ クロージング（締結）の際はサッと切り上げよ。

商談や交渉の特に締めくくり、営業でいうクロージングはバッチリと決めたい。

終わりがけに、「**さっきの件ですが」と蒸し返すのはダメ**。「まだあったの？」とうんざりされる。「心配なさらずお任せ下さい」と安心させたい。

「何か間違ったことを言いませんでしたか」などと問い返すのもよくない。「**こうなので、これでいきます。いいですね。おわかりですね**」てな調子で突き放したほうが説得力が出る。

「いやぁ、苦労しました」とか「これで上手くいきそうです」などとよけいな感想を言うのもNGだ。相手は、「何かだまされたんじゃないか」とか、「損をしたかも？」などと気がもめる。**ホッとした気持ちは、腹の中で噛みしめる**ことだ。

　また、少し言いすぎたかな？　と反省して、「ちなみに、こういう方法も可能です」などと余計な一言を言うのもノーだ。「じゃ、別に今、契約しなくていいじゃないか」と返され、成約に至らなくなる危険がある。**「これで決まりましたね」「以上です。十分におわかりいただけたと確信します」**などと話を締めるに限る。

　余談だが、私の講演会のシメの言葉はこうだ。「私の話は完璧ですから、質問は1つもないはずです」。ただし、こう言うと、「質問は受けないということですか？」と怖い顔で反発してくる人がいるので、万能のセリフではないが（苦笑）。

❸ 決まったことには文句を言うな。

　会議などで決定案が採られた後になって、一言文句をつけなければ気がすまない人がいる（21項参照）が、未練がましいね。自分も論じる資格を持っていて、意見を述べたのなら、自分の思惑と異なった結果になっても、スッキリと従うのが当たり前。決まるまではとことん議論するが、いったん**決まったことには服従する、そして文句を言わないほうが美しい**。

こういう人の中には、自分を正当化しようと、「あなたもそう思わないか」と周囲の人間に同調を求める輩（やから）までいる。もちろん、「まあそうですよね」などと応じてはいけない。我が意を得たりとばかり、「彼／彼女も反対なんだって」と言いふらされる可能性が大だ。

去り際が「次」をつくる

❹負けた時は相手を褒めて去れ。

ビジネスに勝敗はつきものだ。**負けた後は自己嫌悪とか相手に対する恨み、不満をスパッと断ち切り、爽やかな気分で次の作戦を立てる**ことが肝心である。

「いや……残念ですね」と**無念の感情を言葉に込めるのは、**みっともないし、相手の反発を買う。「こちらだってノーは言いづらかったんだ。後味まで悪くしないでくれよ」「根に持つ人かもしれない」と思われてもしょうがない。

「そこをなんとか、もう一度考え直していただけませんか」と**執拗に食い下がるのは、しつこいし、人間関係を損なう。**相手も結論を出すまでには、それなりの時間と労力をかけている。それを覆せと求めるのは、相手がかけた時間と労力を否定しているに等しいからだ。「こちらのことを考えられない身勝手な人だ」ととうとまれ、「泣き落とし戦術かね」と嘲笑されるのがオチである。

「A社を選んだんですか。あそこは経営が傾き、リストラの最中なのをご存じでしょうね。一応、情報としてお伝えしておきます」などと、**勝者を非難するのは見苦しいし、相手を怒らせる。**「あなたの判断は間違っています」「何も知らずに決めたんですね」と責めているのと同じだからだ。相手は、「自分の力不足を反省もせず、他社を誹謗中傷するとは卑劣な奴だ」と受け止めるだろう。

ここは、25項で述べたように、まず自分に対する反省を述べ、A社を爽やかに称賛していったん引き下がり、捲土重来を期したいものである。

もう1つ言う!

私の行きつけのファッション店のN主任は、売ることに執着せずに売るプロである。

たとえば私が衝動的に「これにしようかな」と言うと、「**2ヵ月前にも似たようなものを買われましたよ。買っちゃいかんです**」とズバリ言う。そして、「あくまで守谷さんのお仕事を考えた上でのアドバイスです」と、憎い一言を添えるのだ。

また、私が時間をつくって店を訪れても、「残念ながら、今月はお勧めできるシャツはないようです。**来月になれば取り寄せもできますが、もしお急ぎでしたら○○さんにはご要望のシャツがある**と思います」と平然とライバル店を勧める。

こうまで言われれば、「じゃあ、来月立ち寄りますから、必ず取り寄せておいて」と、私はN主任の思うツボにはまらざるを得ないではないか。未練や執着なしでもビジネスで成功することができるのだ。

29 お茶の出し方でスカウトされることもある。人柄は味方を増やすんだ！

「たかが」と思うとどんな仕事も自分を伸ばす力にならない

部下に「お茶を出してくれない？」なんて言うのは今やハラスメント扱いされてもおかしくない。でも、**お茶を出すという「仕事」でも、強く印象に残る人もいれば、**「あ、どうも」で終わ**る人もいるという差はある。**そして、その差は、時にとても大きい。どんな仕事も毛嫌いせず、軽蔑せず、一期一会（いちごいちえ）の心を込めると、人生の扉が開けることもあると知ってもらいたい。

某市の臨時職員から中堅企業の正社員にスカウトされたSさんがその一例だ。

21歳だった彼女を知ったのは四国での新人研修だった。常に最前席に座り、私のつたない講義にも終始、笑顔とあいづちを返してくれた。私は「ありのままの自分を見せ、ハートと直結した笑顔を見せる人だ。そんな**性格のよさが人を惹きつけるな**」と感じた。

「女性管理職になりたい人は？」という質問に、女性15人の中で一番に先に手を挙げたのもSさんだった。移動の際、「またお会いしましたね」と言うと、**「何度お聞きしても先生のお話は楽し**

いです」とも言ってくれた。99％社交辞令だとわかっていても、このジジ殺しの言葉には参った。人を喜ばせるコツを知っていたとはね。

Sさんは地元の進学校から大学に進んだが、特に目的を持たず、皆が行くから行っただけ。両親が必死に学費を稼いでくれているのに、ろくに学生をしていない自分が情けなくなり、悩んだ末に退学して働くことを決め、市役所の臨時職員になった。配属された建設道路課で「**最高の臨時職員になろう**」と仕事に打ち込む。当初は道路に興味がなかったが、現場で補修をしたり、図面の色塗りをしたりするうちに楽しさを実感した。なにより、自分が少しでも携わった道路が完成した時の喜びは格別だった。

長い目で見ると「人柄」は「頭脳」よりもビジネス人生を左右する

そんなSさんをスカウトしたのは、愛媛県今治(いまばり)市のA造船総務部長Kさんである。Sさんとの出会いをこう語っていた。

「某市役所を訪ねた際、たまたまお茶を淹れてくれた。印象的だったのは、笑顔を含めた全体の雰囲気です。ごく普通の人なんだけど、**居心地のいい空気感**、**声をかけたくなる雰囲気**を感じました。スカウトする気はなかったのですが、思わず声をかけたのです。この人は私と一緒に仕事をすると確信していました」

私もいろいろな場面でお茶を淹れていただくが、確かに印象に残るほどの人は、そう多くない。

さらにKさんを感動させたのが、Sさんが5日後というタイミングで、手紙という手段によって「お世話になります」とKさんに伝えたことだ。

チャンスをものにする人は、ちょっと勇気を出して一歩を踏み出すものなのだ。何気ないスカウトに即行動したSさんの手紙は、Kさんの心に響いた。

こうして入社したSさんを、Kさんは高く評価している。「行動力のある芯の強い人です。素直で前向き。**やってみる？　と問うと躊躇なく、やりたいです、と答える**。同期の人間にすごくいい刺激を与えています。私もSさんファンの一人になりそうです」。

今、Kさんは第2、第3のSさん誕生を願って、女性が活躍する場を増やす改革に取り組んでいる。たとえば工場の外壁をピンクにした。従来のグレーには、悪い3K（きつい、汚い、危険）のイメージがあった。そこから脱皮し、次世代の若者が「ドックマン」「ドックウーマン」に憧れるカッコいい現場を目指しているという。

Kさんの人育ては、これはと思う人には**大胆に仕事を任せ、「体験にまさる師はない」と実感させる**こと。造船会社の一大イベントである進水式の司会も、新人のSさんに任せた。内心ハラハラだったが、彼女は笑顔と、いい3K（気負わず、謙虚に、気配り）の精神で大役を果たした。

Sさんからは私にも、写真と熱い手紙が届いた。「英語を勉強しています。これからは世界を見ないといけないので、英語は必須ですね。各国の時事問題や海の治安、環境問題、今治の地場産業なども勉強したいです。せっかくの総務部勤務なので、社会保険労務士の勉強も。ちょっとムリめの目標なんですが、あえての挑戦です」と。Kさんとの一期一会を活かし、心弾む夢で一杯なのだ。

性格・人柄がよくて、勉強も人一倍する。そういう人は誰でも応援したくなるし、引き上げたい気になる。頭がよくて自己過信する人よりも、Sさんのような人がビジネスで成功するんだろうね。

気配り・目配り・心配りのポイント

人の気持ちは「気配」に出る。気配を察するのが「目配り」だ。相手の表情、視線、しぐさや所作を注意深く見て、**相手の気持ちに応じて動くのが「心配り」**である。こうした「**配慮**」の**行き届いた人は、相手の印象に残り、周囲からも高く評価される。**当然、チャンスにも恵まれるのである。

たとえば、私のところには数社から社内報が届く。その中で開封するのが一番楽しみなのが、IT企業の広報担当女性Mさんの編集する社内報だ。

なぜそんなに楽しみなのか。1つは、社内報が真っ白な上質の半紙に包まれているから。たったそれだけのことかもしれないが、他社には見られない気配りであり、仕事を丁寧にしていることがわかる。もう1つは、添え状が手書きであること。美しい大和言葉で季節の挨拶が書かれ、「お手すきの折にお読み下さい」「今後ともお力添え下さい」などと締めくくられる。彼女の上品な心ばえが感じられるのだ。

Mさん本人は意識しているかどうかわからないが、印象に残り、好感を与えるという点で、**立派な差別化**だと言ってよい。

もう1つ言う!

会社では、日頃の何気ないしぐさや話し方も評価の対象になっている。なぜなら、そういう**立ち居振る舞いに、仕事への取り組み方や意識がにじみ出る**からだ。以下の4点には特に気をつけるべし。

❶**しぐさや声**……お辞儀の仕方、書類の手渡し方をぞんざいにしない。名前を呼ばれたら、「ハイ」と答えながら体も動かす。不用意に「はぁー」とため息をついてはいけない。

❷**歩き方**……足を重そうに引きずらない。忙しくてもバタバタ音を立てない。そのためには腰で歩くこと。

❸**聞き方**……前傾姿勢で聞く。目に力を入れる。あいづちを欠かさない。

❹**話し方**……上司・先輩がカチンとくる言葉を使わない。「古くないですか」「知らないんですか」「あり得ないー」「ていうかぁ」「マジっすか」「~じゃないですかー」などだ。

30 気遣い力はビジネス力。背中に目があると言われるほど周囲に配慮せよ。

こんなおバカ接待は逆効果！

「この人と一緒に仕事をしたい！」と思わせる人は、相手が望むことを先回りして行ったり、**困っている人にさり気なく手を貸したりといった気遣い力**に優れている。

本項では4つの気遣い不足についてズバッと言わせてもらうよ。反面教師にしてほしい。

❶ 接待の席で酒をガブ飲みするな

ある教育団体で30年近く講師を務めさせていただいた。講師冥利（みょうり）に尽きる。自画自賛めいて恐縮だが、受講生諸氏の間での私の評判は、毎回平均より上。かつ、講師業で一番大切な健康にもなんら問題がない。しかし、年齢を考え、そろそろ潮時かと伝えた。

事務局の方たちが一席を設け、社交辞令だろうが、「守谷先生は若者に人気のある人。体力面でも若い人に全然負けちゃいない」と慰留してくれた。そこで私は気をきかして、「いやぁ、30

年もお使いいただき、ありがとうございます。もう若い講師に道を譲ったほうがいいでしょう」とハッキリ引退を宣言した。

すると、その言葉で安心したのか、事務局の方たちの謙虚な姿勢が一変、グイグイ飲み始めた。飲むほどに他の講師を批評し、「あのセミナーは中止だ」などと気勢を上げる。辞めていく私への配慮はどうしたの？　**思い出話に花を咲かせ、「長いことご苦労様でした」と礼を言うのが礼儀**だろう。

❷ 接待する側が楽しむな

ある地方での講演会終了後、事務局担当のA専務が私を小さなスナックで接待してくれた。ところが、ママさんに「講演してもらった先生」と紹介をした後の専務の態度がいけない。馴染みと思われるママさんと「コンペでハーフを切ってね」などとゴルフの話で盛り上がる。ゴルフに興味のない私にとっては、その2時間近くは退屈そのもの。絵もない花もないスナックの片隅に、私はぽつんと一人取り残されていた。

「接待する側は楽しむな。謙虚になれ」。これが接待の鉄則だ。

大企業出身者の驚くべき鈍感さ

❸ 独立した人間は「前の会社が」を連発するな

ビジネスパーソンや自由業者30名ほどの勉強会にアドバイザーとして招かれた。初回なので型通り1人3分間の自己紹介から始めたが、トップに立ったYさん（65歳。大手M商事元常務）の自己紹介の途中で、私は待ったをかけた。理由は3つ。

1つ目は、3分間を過ぎても、話を終える気配がないこと。これから30名近い自己紹介があるというのに、気遣いゼロだ。

2つ目は、「私はM商事におりまして」「M商事は」と前の会社の名前を連呼すること。お世話になった会社への忠誠心はわかるが、参加者には中小企業の経営者もいる。そうした人への配慮がゼロである。

3つ目は、「これからは経営コンサルタントでもやろうかな」とのたもうたこと。ふざけんな！　この世界の厳しさをまるでわかっちゃいない。まぁ、やってみなはれ。

印象は最初が悪ければ最後までダメ

❹もっと第一印象に気を配れ

お役所系統の団体が民間企業的な仕事を始めるケースが増えたが、染みついた公務員気質を断ち切るのは簡単ではないようだ。お役所系統の病院の「マナーと礼儀」の講演会に招かれた時のこと。受付で「今日の講演会の仕事でやってきた守谷です。実務をご担当の方をお願いします。」お約束より30分早く来てしまい、申し訳ありません」と常識的な挨拶をしたのだが、ここからが非常識な出来事の連発だった。

1つ目は、受付担当の女性が講演会の開催も講師名も知らされていなかったこと。実務担当者名さえわからず、調べるのに四苦八苦。他の受付担当と相談を始める始末だ。最悪の第一印象だった。

2つ目は、私が総務部長の名を教えると、「3階の総務部へ行ってくれ」と言うだけで案内もしなかったこと。スタッフ350名の超大型病院に初めて来た身ゆえ、迷いに迷ったよ。総務部長も私の不快な気持ちにまったく気づかなかった。

3つ目は、講演開始が予定から15分も遅れたこと。しかも、集まった従業員は疲れた顔だ。民間企業なら講師入場と同時に起立、拍手の場合もあるのに、なんだ？ 前の3列は空席で、従業員が講演中に出入りする。私は不興（ふきょう）を買うのを覚悟で、きつい一発を放った。

「本日は『マナーと礼儀』というテーマですが、皆さんはこの講演を聞く資格がありません。理由は3つあります。まず、**席は前から埋めてゆくのが礼儀の基本**です。次に、開演が15分遅れましたが、他人の時間を奪い取るのはよくないことです。自分の1分間当たりのコストを知っていますか？ **忙しいのは理由にはなりません。組織に暇な人なんていないのです**。最後に、誰一人メモやノートを持っていないこと。**外部講師を迎えるに当たっては、メモ帳持参がエチケット**です」

その後は笑いを取ろうとしたが、皆さん堅い表情のままで、私の講師としてのエンターテイメント不足を反省させられるありさまだった。

「配慮がない」という第一印象が、最後の最後まで続いた1日だった。やっぱり第一印象は大事だと痛感した次第。

もう1つ言う!

気遣いは自分の心身を研ぎ澄ますことから生まれる。僭越(せんえつ)ながら、私が毎朝自分に課している「1日の闘う姿勢をつくる3つのワーク」を紹介する。

❶ハートワーク(心に磨きをかける)
前述の「自分を強くする言葉」など、生きる行動基準になる言葉でボイストレーニングをする。**元気な声は体のキレをよくし、行動のリズムを軽快にする**のだ。体は正直である。自信がある日は声に一段と勢いがあり、怠惰な日は声にも元気がない。

❷フットワーク(体に磨きをかける)
体操と筋力トレーニング、表情筋訓練をする。**老け顔は顔の筋肉の7割が集まる口の衰えから来る**と言われるので、「アイウエオ」と口を上下左右に30回くらい大きく伸ばしたり縮めたりする。人は見かけによるもの。外見マネジメントも仕事の1つだ。

❸ヘッドワーク(頭に磨きをかける)
ラジオのアナウンサーの発声を聞きながら、間の取り方や声の強弱を確認。あわせて活用できそうな話題をメモし、暗記する。

31 「礼の心」を持て。仕事もおもてなしも礼が基本だ。

悪い芽を早く摘むのが躾の効用

「礼儀」「躾（しつけ）」といった言葉を聞いただけで「時代錯誤」「人間を型にはめるな」などと顔色を変える一部の文化人や学者がいる。一方で「躾ってなんすか?」「礼儀? 古っ」と興味も知識も持たない若者もいる。

しかし、礼儀と躾はビジネスマナーの根幹にあるものだ。気配り、目配り、心配りの基本でもあり、「おもてなし」の根っこでもある。人間の品性・教養も礼儀と躾から生まれてくる。

そこで職場の若い人の例を中心に、礼儀や躾の私流5原則を述べておきたい。

❶ 先手の原則

上司の方針があって初めて躾がスタートする。上司は**人間観、仕事観を明確に告げ、評価の仕方とか、報告・連絡・相談の仕方などを具体的に決めなければならない**。たとえば、いい報告とは「悪い情報を先に伝える」こと、いい連絡とは「早めに的確に伝える」こと、いい相談とは「自分なりの考えを用意してから」といった指導基準をつくり、同時に、その理由も説明できるようにしておく。

また、叱る、褒める場合も、「こういう時はこういう理由から叱る」「こんな時は、こんな理由で褒める」とハッキリ告げておく。

部下に言いづらいこと、絶対してほしくないこと、必ず守るべきことを先手必勝の精神で理解させておくのである。

❷ 早期性の原則

躾は問題の早期発見、早期治療がポイントだ。**悪い芽は小さなうちに摘み取る**。現場であれば、まずフローチャートを頭に叩き込んでおき、その標準からズレた異常箇所を発見したら、即、改めさせる。たとえ事故に至らなくとも、「その場主義の原則」に則って、即時・即座で叱責すべきだ。

また、異常が発生したら部下から報告、連絡させることも大事。「悪い報告ほど早く」の基本動作の徹底が必要だ。

大切なのは「わかる」よりも「身につく」こと

❸反復の原則

態度、行動が実際に変わるまで、つまり「身につく」まで言い続け、やらせ続ける。躾は「徳育」に属するものであり、「きれいなお辞儀をしなさい」などと知性や思考力に訴えるだけでは身につかない。100回説教する時間があったら、100回実際にやらせてみることが大切だ。たとえば、初対面の人には会釈15度が望ましいという基本の型があるなら、何回となくやってみせ、やらせてみる。反復運動によって体が覚えた行動様式は、長く維持され、価値尺度にもなる。

部下が「わかりました」と言うのを聞いて、「呑み込みが早いね」などと感心してはいけない。それは頭で理解できたにすぎず、実際にできるかどうかとは別問題だからだ。

躾とは、うまずたゆまず続けなければならない根気のいる作業。ジルベール・ロバンという小

児精神医学者の次の言葉が参考になる（『異常児の教育』）。
「礼儀は本来、運動に属するものだ。意向ではなく行為である。礼儀を助けるのは知性ではない。（略）知性はほとんど礼儀の役に立たない。礼儀は運動と機能の知恵である」

躾にも「利益誘導」の手法が当てはまる

❹一貫性の原則

躾を徹底するためには、**例外を認めず、首尾一貫した信念を持って叱り、褒める**。部下の行為が「叱る基準」に該当しているにもかかわらず、ある時は叱り、ある時は無関心というのではいけない。部下はホッとする半面、「行動に一貫性のない上司」と不信感を強めてしまう。

2世帯同居の家庭で言えば、若い親が「子供にスマホを使わせておけば育児が楽」と思い、祖父母が「スマホは1日1時間に制限して、対話の時間を増やしたら」と考えているようでは、躾はうまくいかない。親と祖父母が話し合い、子供に**一貫した方針で接する**ことが大切だ。

最悪なのは、祖父母が孫に厳格なのに、親が反対して、子供に「おばあさんのいる時は気をつけて」などと言う場合だ。子供は徐々に、おばあちゃんといる時だけ、叱られないいい子ちゃんのポーズを取るようになってしまう。

会社でも、部下の成長を願って厳しく接する人がいると、「そこまでしなくても」と手綱を緩め、甘やかす人が出てくる。後者のような「**嫌われたくない、好かれたい**」**阿諛追従（あゆついしょう）人間**の「**い**

い人願望」を放置すると、職場が混乱してしまう。

❺ 転換の原則

躾の堅苦しい側面をメリットに転換させてヤル気にさせる。たとえば、家の中で騒ぐ男の子に「静かに！」と怒鳴っても、効果は少ない。「外は晴れているよ。キャッチボールをやれば、もっと上手になるよ」と誘うのがいい。

会社なら、「なんで堅苦しいお辞儀なんかさせるんだ」と不満顔の若い社員を「黙ってやれ！」と一喝するのもいいが、たとえばその社員がオシャレな人だったら、「君はスーツの着こなしがうまいね。そこに、首・背筋・腰を一直線にして15度に傾けるというお辞儀の基本動作が加わったら、抜群に美しく見えるし、好感度が高まるね」などと言ってみる。要するに、ああしろ、こうしろではなく、「躾によって君のいい面がもっと出てくるよ」と、得になる点を強調し、いい気分にさせるのだ。**やりたくないという消極的な不満を、積極的なエネルギーに変えていく**ことができる。

もう1つ言う！

大人の躾について、『礼記』から、3つばかり紹介しておこう。

❶ **容体を正す……姿勢や態度、歩き方をきちんとする**こと。ゆがんだ姿勢やだらしない歩き方をしていたのでは、体にもよくないし、周囲に与える印象もよろしくない。

❷ **顔色を斉しくする……感情を極端なほど顔に出すのはよくない**ということ。嬉しくても大口を開けて笑うのは下品だし、悲しい時も取り乱すのはみっともない。

❸ **辞令を順にする……言葉遣いに気をつける**ということ。

当たり前のことばかりだが、日常生活で軽く見る傾向がないか反省してみよう。

32 悪口は言わない。聞いても聞き流す。それが人間関係のガイドライン。

あらゆる人間関係は自分を変えることで改善する

会社には年齢、性別、価値観の異なる社員が多数集まる。その人間関係にストレスを溜める人も多いだろう。職場の各種調査を見ても、人間関係の悩みがダントツで多い。だからといって各人が感情に任せて言いたいことをぶつけていては、関係がこじれるだけだ。

そこで、一呼吸おいて関係を見直し、整理するポイントを紹介してみよう。

❶ みんなに好かれようとしない

「好かれたがり」の人はちょっと見、明るく元気に振る舞っているが、誰からも嫌われまいと神経をすり減らしているものだ。**みんなに好かれるなんて不可能に近いことは最初から望まないほうがいい。**私など、合宿訓練で30人いれば、20人は共感してくれるものの、10人が反発・抵抗するなんてことはざらだ。君よ、嫌われる勇気を持て！　と言いたい。

❷ **聞き上手に徹してみる**

コミュニケーションは会話のキャッチボールだから、ボールを受けたら投げ返さなくてはいけない。話し下手がストレスになっている人は、ボール（話題）がなかったり、投げ返したら（意見表明）批判されないかなどと考えたりして、沈黙に陥ってしまうことが多いようだ。**自分は聞き上手タイプなんだと割り切って、人の輪にどんどん入っていったらどうだろうか**。もちろん、まったく自分の意見を言わないのはストレスだから、多少は言葉をはさむ。「自分もそう思う」でいいんだ。あとはうなずき、あいづち上手でありさえすれば、会話は案外うまくいくものである。

❸ **やたらに人と比べない**

肩書や業績、ファッションセンスから懐具合まで、つい自分と他人を比較してしまうのは、ある程度やむを得ない。だが、その結果「自分も負けずにがんばる！」と発奮するならいいが、「自分はなんてダメなんだ」とストレスを感じるのは愚かなことだ。**自分には他人にはない「オンリーワン」があるということに気づくべきだろう**。たとえば「誰に対してもまっ先に挨拶する」といったことでも、それは自分の誇りであり、自慢できる長所だと自覚してほしい。

❹見返りを期待しない

人に何かをしてあげる場合、それは無償の行為でなければダメ。「してあげたのだから、何かをしてもらえるのが当然」と考え、そのアテが外れたらイライラ、ムカムカするのはよくない。確かに、お返しをするのがエチケットなのだが、現実の人間関係では、そう四角四面に考えないほうがいい。そういう報酬をアテにする態度が見え見えでは、何かをしてもらった相手も興ざめだ。

ここは、実行はやや難しいが、『菜根譚(さいこんたん)』のこんな言葉を参考にしよう。

「人のために骨を折っても気にとめず、迷惑をかけたら忘れるな。人から受けた恩は忘れず、恨みは必ず忘れてしまえ」

悪い話は「聞き流す」

❺被害妄想的に考えるな

たとえば、同僚2人がひそひそ話をしながらチラッとこちらを見たことに対して、「俺の悪口を言っているに違いない」と勝手にマイナスの方向に結びつけるのは、やめにする。自分の妄想に自分で神経をすり減らすなんて、馬鹿げたことだ。2人は君を見たのではなく、隣の人や、君の後ろに視線をやっただけかもしれない。自意識過剰だよ。

❻人の噂や悪口は聞き流す

会社や人の悪口ばかり言う人がいるが、それは会社の服務規律上も許されることではない。服務規律には、社員の身分を得たことで発生する「身分取得にかかわる義務」というものがある。会社の悪口を言うことは、会社の名誉・信用を保持する義務を守らないことになる。懲戒事由として「会社の信用や名誉を失墜させる行為を行った時」などと規定してあれば、**社外に悪い噂を流したことで会社が大きな損害を被った場合など、懲戒処分の対象になり得る**のだ。

人の悪口も同列と考え、すべて馬耳東風と聞き流そう。人の悪口を言うと、それは必ず当人の耳に入るということも忘れてはいけないよ。

❼人間関係に優先順位をつけてみる

すべての人と同等のエネルギーでつき合おうと考えると無理が生じる。そこで自分なりに「人の優先順位」をつけて、優先順位の高い人とのつき合いだけはしっかりと意識し、低い人の場合は割り切った姿勢で臨むと、ストレスも大幅に削減される。

一歩踏み込んだり一歩退くことで人間関係はガラリと違って見えてくる

結論として、次の4つを申し上げておこう。

❶社内でどう生きていくかのスタンスを決める

スタンスが決まれば、取るべき行動もわかる。たとえば出世したいなら、人間関係の多少のトラブルはがまんすることだ。あるいは、いずれ起業する予定なら、無理に周囲に合わせる必要はないことになる。

❷噂や憶測に一喜一憂しない

人間関係ではとかく噂や憶測が乱れ飛ぶ。あやふやな情報に振り回されて一喜一憂するのではなく、自分で事実を正確に把握することが大事だ。

❸人は人と割り切る

社内の人間関係では、仕事のやり方をめぐるトラブルが少なくない。だが、生育環境や性格、価値観によって、やり方が違うのは当たり前。やり方は異なっていても、目指す結果が得られるならよしとしよう。

❹ **自分ひとりで抱え込まない**

トラブルを単独で解決しようとすると、心身ともに疲弊してしまう。社内の人間関係を相関図のように書き出してみて、頼れる人がいないかを見つけ、相談に乗ってもらえば気分がずっと楽になる。

もう1つ言う!

人間関係を円滑にするために、次の「人間心理の3つの変化」を頭に入れておこう。

❶人間は、**相手をあまり知らない段階では冷淡**であり、攻撃的な心理を抱く。

❷人間は、**会えば会うほど好意的な気持ちを抱く**ようになる（たとえば1回で用件すべてを話すよりも、何回かに分けて話すのも心理上の技術と言える）。

❸人間は、**相手のプライベートな側面を知った時、好意と親近感が高まる**（一番好印象を与えるのは、誇示6割、卑下4割くらいと言われる）。

33 苦手をなくす方法は先手を取って自分から相手に合わせること！

接触回数を増やすことは人間関係好転の黄金律

会社で働いている以上、誰にだって苦手な人の1人や2人はいるものだ。苦手な人はつくらないのが望ましいとわかっていても、やっぱり苦手は苦手。では、どうするか？　苦手な人間との関係づくりの方法は、たった1つ。自分から近づいていくことしかない。

具体的には、**苦手な人とあえて接触回数を多くする。ただし、1回あたりの時間は短くていい。**人は頻繁に短時間に会って話したほうが、その人に親しみを感じるからね（32項参照）。接触回数を多くすることで、少しずつ関係を良好にしていこう。それができるかどうかが、君の人間としての幅になる。

人間関係での振る舞いが上手な人と、下手な人の違いは、積極的に関係を持とうとするか、関係から逃げようとするかだけである。考えすぎて慎重になったり、神経質になったり、話すことを躊躇（ちゅうちょ）したり、関係を回避したりしていたら、人間関係は好転しない。

会社では、苦手な人を避けて通るわけにはいかないのだから、逃げずに自分から働きかけることだ。そうすれば、相手も自然とこちらに顔を向けてくれるようになる。ただし、**時間はかかるから、途中であきらめない**ことが肝心だ。

相手のランクによってつき合いを変える

一口に苦手と言っても、その人の言葉や行動のどこが苦手なのかを、克明に書き出してみてはどうか。そうすることで自分が苦手と感じている理由を客観的に分析し、対策を練っていくことができる。

また、人間関係を次のような6段階に分けて、それに応じたつき合いをするというドライな方法もある。

❶挨拶だけをする人
❷日常会話（天気など）をする人
❸仕事の事務的会話をする人
❹仕事上のアドバイスをもらう人
❺食事、プライベートなつき合いをする人
❻公私ともに心を許してつき合える人

そして、「あの人は❷のつき合い方でいい」「この人とは❸のつき合い方をしているんだから、

あの程度で許してもらえるかな」などと割り切って考えるのである。こんな態度を「ドライな人」と解釈する人もいるだろうが、「メリハリのあるつき合いのできる人」と好意的に解釈してくれる人だっているはずだ。

職場の人間関係はよきパートナーシップが得られればいいわけで、全人格的に触れ合うだの、すべての人から好かれたいなどと考えないほうがいい。そんなことに神経を使っていると、機嫌取り人間になってしまい、かえって信用されなくなる恐れもある。

また、気の合う相手などに、ふっと「あいつ、どうも苦手なんだよな」などと漏らす人がいるが、これもよくない。そういう話は、回り回って当人の耳に入るものなのだ。世の中、壁に耳あり、障子に目あり。しかも、必ず尾ひれがついて、「お前のことを大嫌いだと言っていたぞ」みたいなことになってしまう。**軽い気持ちで口にしたことが、人に伝わる時には、数倍にも大きくなる現象には要注意だ。**

苦手をなくす4つの処方箋

結論として、私の経験から、苦手な人と上手につき合う4つの処方箋（心の距離を縮める方法）を提示しておこう。

❶先手を取って挨拶をしてみる

人間には「好意の返報性」という心理法則がある。こちらが好意を示せば、相手もまた好意を返してくるのである。つまり、こちらから挨拶をするという好意を示したら、よほどのアマノジャクでない限り、相手からも「おはよう」という好意が返ってくる。

❷とにかく頻繁に近づく

先ほど述べた通り、相手との接触頻度を高めることは、心理的距離を縮める上で、一番効果的だ。相手は「おや、またかね」と思いつつも、親近感を高めてくれる。

❸似ていることを話題にする

人間には、相手と自分の類似点、共通点を見出した時、急速に心理的距離を縮め、親近感を覚える傾向がある。出身校、生年月日、趣味、スポーツ、好きなテレビ番組やタレントなど、雑談の中でいろいろと聞いてみてはどうだろうか？

❹相手の弱点に役立ちたいと申し出る

相手の苦手な分野について、「私でよかったらお手伝いさせてもらいます」と申し出る。相手が承知してくれれば距離を一気に縮められるし、好意の返報性で、相手も心を開いてくれるだろう。

自分が相手に近づけば、相手がそれだけ自分に近づいたことになる。自分から心を開かなければ、相手もまた心を開かない。つまり、**問題は向こうにはなくて、いつもこちら側にある**ということだ。

いろいろな人とつき合えばつき合うほど、人間の幅や奥行きが増していく。勇気を持って相手の懐に飛び込もう。これだけで、人間関係の悩みは90％以上なくなる。

簡単に人から逃げるな、ということだ。苦手と思っていた人が生涯の友になるなんていう例も少なくないのである。

もう1つ言う！

私は顧客と交渉する時、最低限の実践事項をいくつか決めている。その中から6つを示すので、人間関係の参考にしていただければ幸いだ。

❶ 相手から学ぶ姿勢を持つ

❷ 相手の利益になること、相手が喜ぶことを第一義に考え、実行する

❸ 個人的な悩みについては、できる限り本音のアドバイスを贈る

❹相手が理解でき、かつ楽しめる話題を提供する
❺聞き役になり、どしどし質問する
❻アドバイスする時は相手のプライドや立場を尊重し、自分で決めたと思わせるような控えめな態度に徹する

守谷語録Ⅲ

□ 人は理屈では動かない。**感動するから動く**のだ。

□ 挨拶とお辞儀を軽く考えるな。凡事を徹底すれば非凡になる。

□ 上手な叱られ方3カ条。①相手の目を見よ＝きちんと聞く姿勢。②一礼して席に戻る＝後味をよくする。③ミスしたら「自首」する＝悪い情報は早く伝える原則。

□ 苦手な人とうまくつき合うには、**自分から接触**すること。

□ 笑顔と挨拶は先にする！ 感じがいいというそれだけで周囲の好感が集まる。

□ 頭がいい人間より、頭を使える人間になれ。

□ 誰にでもできるのに、誰もやろうとしない、当たり前のことを継続せよ。

□ 断る時は「早めに」「明るく」「丁寧に」「はっきりと」を心がける。

□ 他人は皆、自分より偉い人だと思ったほうが得である。

□ すぐにやる。すぐに正しくやる。すぐに正しく伝える。

□ 叱られ上手な人間になれ。

第4章

君よ、体・表情・声をとことん鍛えろ。

この章では、あえて男性に向けて言う。

男はどのようにすれば、ダンディな「男の魅力」を全身にまとえるのか？

答えは簡単。外見マネジメントをせよ、ということだ。

ただし、外見と言っても、チャラチャラと身を飾ることではないからね。「体」「顔」「声」の３つをシャキッと鍛錬せよと言いたいのだ。

「体」は体力と体形である。

過酷な競争を勝ち残るには、頭だけ鍛えてもダメだ。頭と体を同時並行で磨いてこそ勝てる。キツイ時、「このへんにしておこう」とへこたれてしまう人と、「もう少しだけ頑張ろう」と頭ひとつ抜け出す人の差は、頭の差ではない！　ビジネスは、結局は体力がものを言うのである。

ネットサーフィンをしている時間に有酸素運動をせよ。ボーッとテレビを見ている暇に腹筋や腕立て伏せといった筋肉トレーニングをしろ。

当然、体形がすっきりしてくる。男は引き締まった体があってこそ、「格好いい」と言われるオシャレができる。ありふれたスーツやジーンズであっても、バシッと似合うようになるのである。

「顔」とは表情である。

たとえ容貌に恵まれていても、表情が陰険なら「陰険な奴」と思われる。表情に締まりがなければ「イケメンだけどおバカ？」と敬遠される。

逆に、いい表情さえしていれば、タレ目であろうが鼻が大きかろうが、えもいわれぬ魅力になるのである。だから表情を鍛えろと言うのだ。

私は毎朝、表情筋のトレーニングをしている。トレーニング後は気持ちが前向きになり、確実にいい男（!?）になっているものだ。心のあり方が表情に出るのだから、表情のあり方は心に出るのである。

さらに、自分の表情が、周りにどんな影響を与えているかを考えるべきだ。顧客や取引先は、君の表情を信頼のバロメーターにしている。部下は指示・命令を聞きながら、君の顔色をうかがっているのである。

「声」は声の大小、高低や、滑舌を指す。

声も、顔と同じように、鍛錬でガラッと変えられる。声の質そのものが変わらなくても、「大きく相手にハッキリ届く声」か「か細く聞き取りにくい声」かは、ボイストレーニングで別人のようになれるのである。

「明るくバイタリティがあり、表情のある声」を目指そう。自分の日頃の話しぶりを録音して、「暗い」「キンキンうるさい」「威圧的」といった欠点がないかをチェックするといいと思う。

万事に通じることだが、外見マネジメントも日頃の準備が大切である。

私は体力トレーニング、表情筋トレーニング、ボイストレーニングを、もう何十年も欠かさない。なぜって？　ズバリ才能がないからだよ。

昔は才能に恵まれた人がとてもうらやましかったものだ。しかし、今は、何十年もトレーニングを続けることが才能だと思うようになっている。

男のモットーは、体を使え、体を使え！　笑顔になれ、笑顔になれ！　声を出せ、声を出せ！　に尽きるのである。

34 実力競争は「健康競争」。勝負に備えて体力づくりを徹底せよ。

仕事は最後は体力！

「**体力なき知性は長続きしない**」というのが私の信念である。私はトレーニングの専門家でもなく、エステティシャンでもセラピストでもない素人の運動オタクにすぎないが、それでも、「**外見のよさは仕事の実力に正比例する**」「輝く人には体力がある」と体験的に断言できるのだ。外見マネジメントも同じである。体形管理、体力管理があってこそ、表情管理、容姿管理が生きる。「**男のダンディズムは体を鍛え、スリムな体形を維持することに尽きる**」のだ。

そこで、私が日頃から実践している「体力づくり7ヵ条」をご紹介しよう。

最初に言わせていただくと、**体力づくりに当たって、「時間がない」は禁句**にしてもらいたい。あくびをしている時間、ネットをいじくり回している時間、テレビをボーッと見ている時間などをトレーニングに切り替えればいいまでのことだ。

「カッコいい人」と言われたいんだったら、**1分、2分を惜しんで体づくりに徹する。**私は1分あれば腕立て伏せなら40回、腹筋は30回、他に、壁立ち訓練や体幹を鍛えることもできる。スキマ時間が生じたら「しめた!」と体を動かすか、「まとまった時間があればね」とボケッとしているか。違いは1年後の体形に見事に出てくる。

時間がないことを言い訳に**体を動かさない人は、美意識も鈍感だ**。腹ぽっこりメタボになっていいのかね。「男は腹を出さずに胸を出せ!」が男の美意識というものであり、モテる男のキーワードなのではなかろうか。

体に対する危機意識を持つのは、早ければ早いほどいい。いつ海外勤務を命じられるかわからないグローバルな時代だ。諸外国のパワーエリートとつき合うには、TOEICで点数を取るだけではダメ。同時並行で体も鍛えないとね。ビジネスパーソンの実力競争とは、実のところ健康競争に他ならないのだ。

守谷流体力づくり7ヵ条

❶運動は計画的、戦略的に。

たとえば「何キロ減量」と決めたら、何を、いつ、どこで、どんな方法で行うかを決めてから取りかかる。

❷手始めはウォーキングから。

「1日1万歩」とか「40分以上歩かないと脂肪が燃えない」などの周辺情報に振り回されずに、

まずは15分程度歩くことから始めてみる。ただし、歩くコースは毎日変えたほうがいい。

❸ **始めたら、回数は減らしても中止にはしない。**

体調が思わしくない時、筋肉に痛みが走る時は、回数や時間を減らす。中止にはしないこと。中止すると、次にやる時に苦労するだけだ。筋肉痛は、筋肉が「本気ですか？ 遊びですか？」と聞いているんだと考えよう。

❹ **クロストレーニングを行う。**

1種類だけでなく、何種類かの有酸素運動を取り入れる。有酸素運動とは、ダンベル体操のように全身を動かすことでエネルギーを消費し、脂肪を燃やす運動だ。なお、ずしりと重いダンベルを使っての局所的トレーニングは無酸素運動と言う。

❺ **運動内容にバラエティを持たせる。**

ラジオ体操＋筋肉トレーニングとか、ストレッチ＋ウォーキング（早歩き3分、普通歩き3分を繰り返す。これはインターバル走法といって最近の流行）といった感じで組み合わせると、全身をバランスよく鍛えられるし、飽きもこない。私はテレビの健康番組を見たら、無理にならない程度に1つ2つと加えるし、最近はヨガの真似事を取り入れている。

❻**心肺機能を高める。**

深く大きな呼吸ができる程度の運動をする。息切れしてしまうほどきつい内容はダメ。

❼**こまぎれ時間を使って、こまめに体を動かす。**

たとえばウォーキング中の信号待ちを利用して、背筋を伸ばしてのつま先立ち（上げたり下げたりする）や、よくイチロー選手がやっている両足を広げて右肩を左側に入れる体操、両手をバンザイして片足を上げる運動など、いろいろとやっている。お見せできないのが残念だ（笑）。

体は甘やかすと衰える

「廃用性筋萎縮（はいようせいきんいしゅく）」という医学用語がある。**筋肉は使わないでいると、日々衰える**という意味だ。だから、体はこまめに動かすことが大切である。

私は、**体力とは、持久力、筋力、柔軟性、俊敏性、バランス感覚の5つの総合力**のことだと考えている。体力をつけるために大切なことは、**日常生活で、労働、睡眠、食事、運動、休養の5つのバランスを取る**ことだ。

次の基本4項目を再確認しよう。

❶**規則正しくバランスの取れた食生活**（塩分を控える、脂肪を取りすぎない、など）。

❷**節酒、禁煙、ストレス軽減**（ストレスは老化の危険因子だ。入浴、ストレッチ体操、レクリ

エーションなどで軽減しよう)。

❸**適度な運動**(有酸素運動、無酸素運動、手指の運動など)。

❹**頭を働かせる**(日々新しいことに挑戦する、人と会話するなど)。

なお、筋肉は全身をバランスよく鍛えるのがいいが、特に太腿から腰、お尻の筋肉に張りがあると、歩く足にも力がこもって、気力、やる気が湧き上がる感じがするよ。

もう1つ言う!

それでも体形管理・健康管理に今一歩踏み出せないという人は、次の4点に注意してほしい。たとえば姿勢を正すだけでも、運動する気が湧いてくるものだ。

❶**だらしない生活習慣がついていないか、ちょっとだけ見直す**(夕食を食べたらゴロゴロしながらテレビを見て、そのまま寝てしまうなど)。

❷**張り切りすぎない**(まとめて運動するのはNG)。

❸**ちょこちょこ動いてストレスを発散する**(犬の散歩、部屋の掃除、書棚の整理など。ちょっとだけ素早く動くのがポイント)。

❹**姿勢を正す**(若々しさをキープするには、美しい姿勢を心がけることだ)。

35 張りのある声を出せ。声の魅力は人の魅力、説得力の源だ。

能力は影響力の一部にすぎない

自分の「声」に無頓着(むとんちゃく)な上司が少なからずいる。それでは部下も困るだろう。蚊の鳴くような小声や滑舌の悪い話し方では、聞き取れなかったり聞き誤ったりして仕事にさしつかえる。元気がなく陰気な声では、ヤル気がそがれて士気が上がらない。キンキンした声や威嚇的な話し方ではうるさいし、話を聞く気が起きない。

「俺は上司なんだから、部下は黙って言うことを聞くのが当たり前だ」という不遜な考えは、即刻、捨てることだ。もっと謙虚に、**自分の声・顔・姿勢が部下にどんな影響を与えているかを考えるべきだ。**

上司の影響力は、必ずしも能力的側面だけからもたらされるのではない。もっと全身的な行動特性が影響を及ぼしているものだ。たとえば、若々しい上司とヨボヨボした上司、あるいはバイタリティあふれる上司と弱々しい上司、すぐ動く積極的な上司とイスにへばりつく消極的な上司、よく笑う上司とムッツリした堅物上司……というように対比してみると、それがよくわかる。

上司は、自分の身体的側面をもっと意識すべきなのである。たかが声、されど声なのだ。声が与える影響力を意識すらしない上司は、そのこと自体、指導力に疑問符がつく。

君の声はハッキリと聞き取りやすく、元気ハツラツ、積極的なイメージを与えているだろうか。「声で損をしている人は、学歴で損をしている人より、遥かに多い」という言葉もある（竹内一郎『人は見た目が9割』）。クリアでよく通る声を発する人は好感と関心を持たれ、交渉事や人間関係でも得をするのである。

声は変えられる

「だけど、声は生まれつきのもので変えられないよ」と反発する人がいるかもしれない。だが、それは違う。たとえば、同じ身長でも体重は驚くほど増減するし、同じ顔でも表情は見違えるように変えられる。それと同様に、**声も日頃のボイストレーニング次第で、いくらでも変えられる**のだ（いい声を出すには、体を柔らかくすることも必要だということも知っておこう）。

筋肉が使わなければ廃用性萎縮で衰えるように、声も何もしなければ衰える。声をよくしようと努力する人は意外と少ないからこそ、君よ、声を出せ、声を出せ！　と言いたい。**声や顔、姿勢こそ、人に影響を与える最も身近な要素であり、時と場合によってはリーダーシップそのもの**と言っていい。

いい声とは、「大きめの声」「相手にハッキリ届く声」「滑舌がいい」「やや高めで明るい声」「バイタリティを感じさせる声」「表情がある声」を言う。

ダメな声とは、「か細い声」「相手に届きにくい声」「滑舌が悪い」「暗い声」「尊大さが感じられる声」「威圧的な声」などを言う。

声を「いい声」に変えるトレーニングとして、私が外見マネジメントの1つとして実行している表情筋訓練をするのもいい。「アイウエオ」と口を上下左右に30回程度動かすのだ。

また、滑舌をよくする早口言葉のトレーニングをする。「ラリルレロ」と「パピプペポ」を組み合わせた「パラピリプルペレポロ」の発声練習もお勧めである。

いい声は声以上のものを人に伝え、声以上のものを自分にもたらす

このように声を出すことには、いろいろな効用がある。

❶**体と心に気合が入るし、人によっては減量の効果も出る。**
❷声を出すことで、いい空気を吸い、悪い空気を出し、新陳代謝が盛んになり、内臓の健康管理にも役立つ。
❸口を大きく開けて、ハッキリと発音をすることで、日常の口頭によるコミュニケーションの際、**正確な発音、言葉で話せるようになる。**
❹声を出すことで、表情も生き生きとしてくる。意欲のある強い顔になれる。

❺その結果、周囲に自信とやる気を伝えることができる。

リーダーシップというと、すぐ、世界的経営学者のP・F・ドラッカーや、人気の心理学者アルフレッド・アドラーの本に飛びつく人が多いようだ。それはそれでいいんだが、まずは身近な外見マネジメントに力を入れることから始めたい。

リーダーシップとは、究極のところ、リーダーの人格がもたらす影響力だ。**優れたリーダーは、顔もいい、声もいい、立ち居振る舞いもいい。人が惚れる要素を持っているのだ。**さぁ、明日から出勤前の20分を使って、カッコいいリーダーに変身しよう。ちょっとの努力だよ。

もう1つ言う!

トレーニングや発声訓練をしようと私が笛を吹けども、なかなか踊ろうとしない人も多い。そういう人に、私の人生観を少しだけ聞いてほしい。誰かに「ビジネスで成功する基準は?」と聞かれたら、私は迷うことなく、能力よりも、**「あきらめないこと」「情熱の再燃化」**だと答える。これは私の実体験そのものだ。

私は半世紀近く今の仕事を続けているが、**一度も満足したことがない**。いつも緊張と不安が交錯し、経験を積むたびに課題に気づいてきた。その都度、次こそはと執念を持ち、もっと努力すれば失敗を挽回できるかもしれないと信じ、ささやかな努力を重ねてきた。その結果、いつしか半世紀近くが経っていたというのが正直なところだ。

そんなわけだから、女房や子供の評価たるや「仕事を取ったら何も知らない、できない、ただの世間知らずの老人」という酷評そのものである。しかし、私はそんな声は馬耳東風（ばじとうふう）、一途に一つ事に没頭してきた。これからもその生き方を貫き通すつもりでいる。**好きな仕事に寝食を忘れて没頭できたことは、幸せな人生だった**と思う。

これまで（これからも）私が曲がりなりにもやってこられたのは、いつも「今日が誕生日。一からのスタート」だと思い、情熱の再燃化をして、あきらめない情熱を抱いてきたからだと思う。

私は才能とは無縁の人である。昔は才能に恵まれた人がうらやましかったが、今では**一つ事に10年、20年、30年と変わらぬ情熱を傾け続けられることが才能**だと思うようになってきた。

苦杯を喫し続けた人生だったが、人生、最後の勝利は情熱の再燃化を続けられた人にもたらされるのではないだろうか。

だから、今すぐできることを始めてほしい。たとえばトレーニングを始めたら、それを続ける。

トレーニングは人生そのものではないかもしれない。だが、それを続けることは、自分の人生の姿勢になっていくと思うのである。

36 人の強さは強がりから生まれる。常に「もういっぺんの努力」をしろ。

自分との闘いは朝イチから始める

少しつらくなるとすぐ口にしがちな言葉に、「もう限界だよ」がある。だが、それを言う前に、**「もういっぺんの努力」**をしてみてはどうだろうか。ほんのちょっとの苦労と、ほんのちょっとの努力で十分だ。その**微差が大差となり、やがて圧倒的な差となり、自信になる**ことを保証する。

ズバリ言えば、「もう限界」なんていう言葉はめったに吐くもんじゃない。自分で「限界だ、もうやれない」と勝手に決めるから、身も心も「じゃあ、やめましょう」となり、そこが限界ラインになってしまうのだ。**本当の限界は、自分が考えているより、ずーっと先にあるもんだよ。**

少なくとも私はそう思うし、自分なりに「もういっぺんの努力」の実践もしてきた。

私の自分との格闘技は、早朝5時からの体いじめ（体づくり）に始まる。冬場に温まった布団から「えいやっ！」と飛び出すのは、正直しんどい。だが、そんな甘えは禁物だ。それに、目が覚めると、体が機械的に動くようになってしまっている。

まず、寝たままの格好で両手を上に伸ばし、手の甲を合わせる。

次に、両手を上に伸ばしたまま、開いたり閉じたりを30回。

それから手を下ろし、「アイウエオ」と口を上下左右に動かす「表情筋訓練」を行う。

この訓練を終えて5時30分前に布団を出る。

そして、ラジオ体操第一と、腹筋や腕立て伏せなどの自己流筋力トレーニングを約30分行う。

仕上げは早口言葉のボイストレーニングだ。他にもいろいろやっているが、他項で触れているので省略。

これら自己流の訓練を終えて、鏡に向かう。顔の筋肉が温まり、ほんのり赤みを帯びていい男になっている。心身ともに元気溌剌(はつらつ)。よしっ、今日もいけるぞ！　と、私は究極のナルシストに変身するのである。

目覚めた後の40分あまりでこれだけやったことで、**「今日も朝の自分に勝ったのだ」と誇らしい気分にもなれる。**

この早朝の格闘技は30年以上続けているので、もう習慣病と言っていいし、現役であり続ける限りやっていく覚悟でいる。

あと1回だけやろう、が限界を超えるコツ

とはいえ、たとえば腹筋なら1分間で30回できるものの、その後のもう1回は本当につらい。

でも、「もう1回やらねば朝食にありつけないぞ」と心に決めて挑戦する。誇らしい気分は、この1回をやり遂げることで生まれるのだ。

たったの1回はしんどいけれど、**「もう1回だけ、あと1回だけ」と言って聞かせれば、回数を増やしていくこともできる。**限界を超えた自分を楽しむ心境になれるのだ。

「もう限界」というのは、大脳新皮質系の抑制機構が支配する心理的限界にすぎない。トレーニングやスポーツも、仕事や勉強も、**目的意識のレベルを高く持つことによって、心理的限界を生理的限界に近づけることができる。**逆に意識のレベルが低ければ、心理的限界は生理的限界からどんどん遠ざかる。**限界をつくるのも破るのも自分なのだ。**

なぜ、私は傲慢(ごうまん)にも「限界など心理的なもの」と言えるのか？ 35歳で経営コンサルタントとして独立後、何日も続く徹夜の合宿訓練から、わが職業のキーワードは、「体力なき知性は長続きしない」であることを悟ったからだ。これを乗り切るためには体力が必要であることを痛感し、独立10年の時点で、ラジオ体操、自己流筋力トレーニング、縄跳び、ジョギングなどを取り入れた。

理想は死ぬまで前のめり

私の超ハードな取り組み姿勢はご近所の医師にも知れることとなり、顔を合わせるたびに、「歳なんだから、縄跳び1日100回くらいがいいですよ」とありがたい忠告をしてくれた。だが、アマノジャク的性格の私はそんな忠告は聞き流し、歳と共に縄跳びの回数を増やした。最高1000回をノンストップで跳ぶという金字塔(!?)も打ち立てたのである。もし、**医師の忠告どおり100回で止めていたら、100回しか跳べない体になっていた**だろう。

この経験から、**年齢は個人差にすぎない**ことがわかった。世間一般の常識に従って限界を決めることはバカバカしいと知ったのである。

専門家のアドバイスはややこしい。あるお医者さんは「60歳を過ぎた人にラジオ体操はダメ」と言うし、別のお医者さんは「ラジオ体操はいいですよ」と断言する。だから私は、定期診断していただいている先生の話と、**自分のこれまでの体験を信じる**ことにしている。その結果、体重57キロが「瘦せ」という以外、内臓脂肪、コレステロール、血糖値、筋力など、すべて気になるところはない。体内年齢は67歳(実年齢84歳)だ。

最後に、「ものは整理しても、心と体は最期まで『しまわず』に生きなきゃ」という言葉を紹介しよう。「きくち体操」を生み出した菊池和子氏(1934年生まれ)の胸を突く宣言だ。お会いしたことはないが、やる気に火をつけてくれる「点火人」になってくれた。

私は生涯、いいオジイサンになんかなれない仕事人間である。仕事も体づくりも、命を全うするまでやり続ける。自信過剰の現役人間につける薬なんかないのだ。

もう1つ言う!

またまた守谷流「自分を強くする言葉」を紹介させてもらうよ。

人生はいつでも闘い。その闘いの最初が自分との闘いだ。ベターからベストへの自分づくりを目指して、**小さく変える、ちょっとだけ変える、少しずつ変える。**後先考えていたら、すぐに一生は終わりだ。**「人生、何もしないことが最大のリスク」**を忘れずに。

❶**続けよ**（朝の15分を3年間続けよ）。
❷**逃げるな**（リスクを恐れるな）。
❸**仕入れよ**（人間として必要な教養・常識は不可欠）。
❹**体を張れ**（部下をかばえ）。
❺**頭を上げよ**（姿勢を正せ）。
❻**失敗を恐れるな**（何かをやれば失敗もする）。
❼**恥ずかしがるな。**
❽**外にも目を向けよ。**
❾**人の話をよく聞け。**
❿**叱（しか）られ上手な人間になれ。**

37 メモは紙とペンで。脱スマホで記憶力と発想力を鍛えよう。

紙にメモすることは脳に書き込むこと

「紙にメモする？　スマホに入力するか画像に撮ればいいじゃん」と言う若者が多い。それもありだろう。だが、紙とペンでメモを取るアナログ方式には、ＩＴ機器やアプリを駆使するデジタル方式をしのぐメリットがある。

第1の効用は、**記憶に残りやすい**ことだ。記録する時に記憶ができるのである。

たとえばデータを見せられて、「撮っていいですか」とスマホに記録するのは一瞬の指の動きですむ。だが、「メモしていいですか」となると、その場で読んでポイントを把握する必要があり、**いやでも内容が頭に入る**のだ。手で書くという体を張る（!?）行為も記憶を強化する。幼い頃、文字は書いて覚えたはず。記憶するには書くのが一番なのだ。

第2の効用として、記憶に残る結果、**データを会話や商談、とっさのスピーチのネタなどに有効活用できる**ことになる。

最近の営業職には、タブレットを見たり見せたりしながらの商品説明は得意だが、相手の顔を見ながらの会話、商談となるとお手上げという人が見受けられる。対人業でありながら話題が貧困では、お話にならない。データはタブレットやスマホに入れるのではなく、頭に入れて活用せよ。

「思い」をメモに残そう

第3の効用として、**発想力が鍛えられる**。頭の中にあるから、記録された日も場所も異なる**無関係なデータを「あ、そういえば」と結びつけ、新たなビジネスアイデアに化学変化させられる**のだ。たとえば、「このメモに関連するものは?」と考えると、接近連想が働く。「反対のものは?」と考えると反対連想が働き、「何に似ている?」と考えると類似連想が働く。この連想こそ発想の鍵である。デジタルにはとてもできない芸当だ。

もちろん人間は忘れてしまうのだが、**メモ用紙を並べて組み合わせる**作業をすればよいだけのこと。組み合わせ方には、昔からKJ法(文化人類学者・川喜田二郎(かわきたじろう)氏が考案した発想法)など各種のノウハウがあり、今もその種の本がよく売れているのは、メモを使ったアナログ発想法がいかに優れているかの証明だろう。

第4の効用として、**文字や言葉を忘れない**ことが挙げられる。年配者は「電卓を使うようになって暗算ができなくなった」という体験を持つ。現代の若者が「**IT機器に頼るようになって字**

が書けなくなり、語彙力や表現力が貧困になった」という道をたどらないことを祈るばかりだ。

逆に言えば、紙とペンでメモを取らないと、データが記憶に残らず、スマホに死蔵されるだけで、発想力や表現力も衰えていく可能性が高い。怖い話だよ。だから、自分の足で歩き、自分の目で確かめ、五感を存分に働かせて自分の頭で判断するアナログ行動を増やしていただきたいと思うのだ。

なぜ私は4冊のメモ帳を使い分けているのか

さあそこで、守谷流「4つのメモ帳」を公開しよう。

私は、上着やズボンのポケットに2冊ずつ入るサイズのメモ帳を常時携帯し、「**読み書きメモ**」「**聞き書きメモ**」「**なぜなぜメモ**」「**インスピレーションメモ**」の4種類に使い分けている。メモの種類がすぐわかるように、赤表紙、緑表紙、黄表紙などと色分けし、見たり、聞いたり、感じたりしたことを、その都度こまめにメモする。そして、研修での受講生諸氏との雑談や講義中のアドリブにも、記憶や発想にも、大いに役立てている。

❶読んで役立つものは「読み書きメモ」。

新聞、雑誌、週刊誌や電車内の広告に至るまで、**活字やイラストの類でピーンときた言葉、メッセージなどを即メモする**。時には手で破って貼りつける。

ちなみに、メモ帳を開くと、「成功とは1%の努力と99%のセンスである」という本のタイトルがメモされていた。この言葉から、1%の努力とは実際のところ、大変な努力の積み重ねなのではないか？と私なりに頭をひねって考えてみるのだ。

❷聞いて役立つものは「聞き書きメモ」。

人から聞いたことのメモ帳だ。**雑談の際にビビッときた言葉、講演会やセミナーでいただいた有益な話、さらには車内で小耳にはさんだ興味深い会話などを即メモする。**これで、「会う人はみな師匠」になり、「人を見たら情報と思え」を実践できる。このメモ帳を開くと、情報通信技術会社のK社長が若手社員の講話で話した「たくさん転んで、たくさん立ち上がればいい」が記されていた。

❸なぜ？　おかしいなと感じたら「なぜなぜメモ」。

仕事中や人と話している時、街を歩いている時などに気になったり、疑問に感じた事柄や、その特徴、感想などをメモする。習慣化することで、好奇心旺盛人間になれる。

❹ひらめいたら「インスピレーションメモ」。

ふと頭に浮かんだアイデアや思いつきは、瞬時にパァッと消えてしまうので、即刻メモする。

ひらめきは、頭の中にテーマや課題を持ち、考え続けている時、問題意識を持っている時に、雑談とか、書店でパラパラと拾い読みした本の1行などから「これだ！」と得られることが多い気がする。

なお、メモ帳に記入（インプット）したことは、それを他人に話す（アウトプットする）とよい。情報にふくらみが出たり、さらに調べてみようという好奇心が出てくる。あるいはウォーキング中などに声に出してみよう。知識、情報として完全に頭に入るし、新たな考えや発想が浮かぶことがある。

この4つのアナログメモを実践すれば、話題豊かで観察力旺盛な好奇心人間、脳細胞ビンビンの魅力人間になれること間違いなしだ。

もう1つ言う！

メモを取ることの5つの効用を挙げておくよ。

❶**忘れないためにメモを取る。**

❷**正確に記憶するためにメモを取る。**

❸**頭をやわらかく、創造的人間になるためにメモを取る。**

❹ 話題豊富な人間、発想力豊かな人間になるためにメモを取る。

❺ 自分自身の1日の反省やレベルアップのためにメモを取る。大量に溜め込んで整理に時間をかけたりしない。データの死蔵はＩＴ機器だけで十分である。

守谷語録Ⅳ

□人生って、いつでも闘い。その一番初めが**自分との闘い。**

□自分の体を、自分の力で、**自分の思い通り**に動かせる体力をつくれ。

□汗をかかないところに**人生はない。**

□**本当の限界**は、自分が考えているより、ずーっと先にあるもんだよ。

□限界をつくるのも破るのも**自分である。**

□ 声を出すと、周囲に**自信とやる気**を伝えることができる。

□ **もうダメだと思う時が、もう1歩！**

□ 体力づくりに「**時間がない**」は禁句。1分、2分を惜しんで、体いじめに徹しよう。スキマ時間に体を動かすか、ボケッとしているかの違いは、**1年後の体形**に見事に出てくる。

□ **仕事も体づくりも日頃の準備**に命を懸ける。

□ **思い悩む前**に、行動しながら解決しよう。

□ 人よりちょっと多めの苦労、人よりちょっと多めの努力をせよ。ちょっとの差をバカにしてはいけない。**微差は大差**につながる。

□ 体を動かさない人は、美意識も鈍感である。

□ 今の自分に何が不足しているかを素直に認めることで問題の7割は解決する。

□ 男は腹を出すな、胸を出せ。

□ 頼れるのは自分の脳みそと頑丈な体でしかない。

□ 生きるとは、変化に対するイニシアチブを取ることだ。まずは小さな一歩の実行あるのみ。

□ 気力は眼に出る。生活は顔に出る。教養は声に出る。年齢は後ろ姿に出る。

□ 外見のよさは仕事の実力に正比例する。

第5章

君よ、誰よりも自己改革に励め。

人はどのように生きれば、止むことのない成長を続けられるのか？

発想や行動がマンネリに陥らないこと、なんでも勉強の素材にして学ぶこと、将来の展望を持っていることの３つが基本条件になる。

マンネリに陥らなければ、仕事や人間関係がいつも新鮮で人生が楽しい。なんにでも学べれば、失敗や不運に強くなる。展望を持っていれば、周囲への発信を続けられ、「あいつまた成長したなぁ」と一目置かれるだろう。

具体的には、事上錬磨、人上錬磨、書上錬磨が大切だ（Ｐ１４７参照）。

事上錬磨は、おのれの体験に学ぶこと。

ただし、やみくもに行動するのは非効率的だ。まずは自分に「今、変えなくてはいけないことは？」「今、自分が当然やっているべきことは？」「今、学ばなくてはいけないことは？」といった問いかけをしよう。

答えはその場で出し、答えが出た瞬間から行動に移す。

コツは、小さなことを少しずつ、だ。小さなことなら、ムリなく始められる。ムリがなければ、ちょっと苦手なことにも挑戦できる。苦手が克服できれば、達成感や幸福感が得られる。達成感があれば、次のステップへと意欲が燃えてくるのである。
人上錬磨は、人に接して学ぶこと。

コツは、常に「この人から何を学びたいのか」をはっきりさせることだ。ノウハウを教わりたいのか。耳に痛いことをズバリ直言してもらいたいのか。客観的な立場からアドバイスしてもらいたいのか。

また、ビジネスマンであれば、人上錬磨の対象から上司を外してはいけない。たとえウマの合わない上司でも、「緊張感のある仕事こそが自分を磨いてくれる」と前向きに考えよう。上司が教えてくれるべきだという依存的な態度は捨て、「すぐやります!」と自分から動くことも人上錬磨には大切になる。

書上錬磨は、本を読んで学ぶこと。

コツは、読んだら人に話すことだ。頭が整理され、行動につなげやすくなる。

最近はネットが全盛だが、ネット情報は玉石混淆(こんこう)(私は「石」ばかりで「玉」はごくわずかだと思うがね)であり、学びの効率がよくない。

著者が長い思索と経験の末に原稿を書き、編集者が吟味に吟味を重ね、校正者が隅々までチェックした本にこそ、価値ある情報が濃密に詰まっている。

ことに、「すばらしい」という評価を歴史が下した古典には外れがない。本を読む人が少なくなっている今、読書は差別化の先鋭的な手段にもなること必定だ。君よ、捨てる勇気、変える勇気を持って、自己改革に邁進(まいしん)しようではないか。

喜劇俳優チャーリー・チャップリンは、「あなたの最高傑作は？」と聞かれて、「ネクスト・ワン（次の作品です）」と答えた。アップル創業者スティーブ・ジョブズもこう言っている。「常に次を考え続けなければいけない。次にどんな夢を描けるか、それがいつも重要だ」。

偉大な人間は、いつも「次」を見すえているのである。

「今」を生きることは重要だが、「今」に安住してはダメなんだ！

38 思い立った時が勉強の旬。今すぐ、少しずつ、自分を変えよう。

「いつか」はいつの間にか過ぎ去っていく

「春になったら勉強しよう」「この繁忙期を抜けたら挑戦するぞ」「来年からは必ず○○になる」と、新しい学びを決意している読者諸氏も多いだろう。その心意気こそ大事だ。

ただ、どうせなら「**今すぐ始める**」ことをお勧めするよ。「思いついた時が旬」と言う。「**やろう**」「**やらなければならない**」**と思った時が、自分にとってのベストタイミング**なのだ。「今すぐはムリ」と思うかもしれない。だが、自分を変えるコツは、「ちょっとだけ変える」「小さく変える」「少しずつ変える」こと。これなら、今すぐ行動できるのではないだろうか。

中国に「絶対失敗する方法の詩」という教訓詩がある。「春は勉強の季節ではない／なぜなら気候がよいからさ／春は恋の季節だよ／夏は暑くて皆がやる気をなくすから／昼寝が一番だ／秋はさわやかな気持ちになる／だから絶好の旅行の季節さ／さあ、続けてすぐ冬が来る／楽しく遊ぶお正月の準備を急がなくては」。これではいつまで経っても何も始められない。今すぐ始めるのがベストなんだ。

では、何を指針に勉強を始めればいいのだろう。「事上錬磨」「人上錬磨」「書上錬磨」という3つの勉強について前に触れた（P147参照）。これが絶好の指針になると私は思っている。そこで、これを詳述する形で具体的な勉強法をお伝えする。

苦手なことをやってみるのが勉強だ

❶事上錬磨……おのれの体験に学ぶ。

「経験こそ我が師なり」の精神だ。まずは失敗を恐れないこと。**つまずいた石は踏み台になる**からである。さらに毎日1つずつ新しい経験をするように心がけることだ。新しい知識を学ぶ、新しい人に会う、新しい場所に出向く。体を動かさないネット情報万能主義を捨て、初めに行動ありき！　をモットーに、「見て回る」「聞いて回る」「歩いて回る」の3回り主義（14項参照）に徹する。

読者諸氏はネットやIT機器から離れて何かをするのが苦手かもしれない。でも、そういう**ちょっぴり苦手なことをやってみるのが、いい事上錬磨になる**のである。

たとえば、仕事関係者や知人、友人に、メールを使わず自筆の手紙を書いてみないか。面倒で非効率的だし、字の巧拙（こうせつ）ももろに出てしまうが、「手間ひまかけて書いてくれたんだ」と受け手は嬉しくなる。手書き文字には人となりが反映され、情や心がストレートに伝わる。へえ、こんな字を書くんだ、と相手は親しみを感じ、楽しくなるだろう。

別に長い手紙である必要はなく、ハガキ1枚でも価値あることだと思う。

私はハガキを常時5~6枚、携行している。会社を訪問したら帰途に喫茶店に入り、有益だったことや教えられたことなどを書いてポストに入れるためだ。相手の印象が薄れないうちに書くのがポイントである。たとえ「専務の○○というお言葉、仕事の貴重なヒントになりました」といった簡単な内容でも、**手書きのハガキはハートをつかむ上で、とても効果的である**ことを実感している。

❷人上錬磨……人に接して学ぶ。

「我以外みな我が師」の精神だ。足まめ、電話まめになって多くの人に会い、話をしよう。ただし、会う前に、**その人から何を学びたいのかをはっきりさせること。また、相手の喜びそうな話題を用意する**ことも大切だ。異質な人の意見は重要だから、会う人が固定化する「人脈硬化」に気をつけよう。

見慣れた周囲の人を見直すことも大事になる。すると、職場にも師がたくさんいることに気づくだろう。謝罪上手、反論巧者、ボス・マネジメントが達者な人、他人に協力してもらうのがうまい人、笑顔のいい人、姿勢のいい人……感心するだけでなく、さっそく真似をしてみよう。

「能力は真似から育つ」と言う。**人は真似をする手本があってこそ成長する**のだ。

読んだら人に話すと頭が整理される

❸書上錬磨……本を読んで学ぶ。

読んだら人に話すといい。頭が整理され、知識が知恵に変わっていく。

手始めに私自身が話すと、30代前半に読んだ作家・下村湖人(しもむらこじん)の著書『青年の思索のために』に忘れられない一節があった。私たちは苦境に陥ったり、目標達成が難しくなったりすると、会社のせい、上司のせい、お金がないせい、環境のせい……と自分を除く他のものに責任転嫁しがちだが、そんな時、人間は4つのタイプに分かれるというのだ。

下の下の人間は、すぐにやけくそになる。

下の上の人間は、やけくそにはならないが、あきらめてしまって境遇に押し流される。

中の下の人間は、世を恨み、不平を並べながらも、ともかくも回復に努力する。

中の上の人間は、恨んだり不平を並べたりするほどではないものの自分の不幸を悲しみ、歯を食いしばって努力する。

私自身はせめて中の下から、中の上の人間になりたいが、なかなか難しいね。

そういえば、室町時代の歌謡集『閑吟集(かんぎんしゅう)』に、「一期(いちご)は夢よ　ただ狂へ」という一節があった。

人の一生は夢のようにはかないものであるから、あれこれ悩まず、仕事でも好きなことでも、我を忘れて何かに没頭しなさい、という意味だと解している。やはり、思いついた時が旬なのだ。

最後に一言。「人の遺伝子の97％は眠っている」という。つまり、自分にはほとんど無限の可能性があるわけだ。それを目覚めさせられるかどうかが、成長・成功できるかどうかの分かれ目になる。今までの知識と経験という壁で、可能性を封じ込めるのはもったいなさすぎる。「**自分はこんなもんだ**」**と悟り澄ましたら成長は止まり、成功は幻になる**。そう肝に銘じておこう！

もう1つ言う！

勉強に、資格取得とか語学力向上といった特定の目的がない場合もあるだろう。そんな時は、「**コイビト**」を持つための勉強に徹してほしい。恋人ではなく、次の4つだ。

コア・コンピタンス……他を圧倒するレベルの能力、長所、武器を持つ。

イ意味……働くことの経済的、社会的、哲学的な意味、意義を理解する。

ビジョン……人生戦略を持つ。

トきめき……胸を躍らせ、志高く、燃えたぎるような生き方を見つける。

39 今日を逃げては明日は来ない。6つの自問自答で強くなれ。

いい問いかけがいい行動をもたらす

今のままではいけないと、自己改革を始めようと思っている人、あるいは挑戦する気持ちはあるのだが、何をどうすればいいかが見つかっていない人に、私は次の6つの「黄金の疑問（ゴールド・クエスチョン）」を勧めたい。**毎月一度自問自答してみると**、日常生活のマンネリを脱し、強くなるための道筋が見えてくるはずだ。

「当たり前のことばかりだ」と思うかもしれないが、実に効果がある。

❶今、自分が明確にしなければいけないことは何か？

会社で働くことの意味、仕事遂行上の価値観・思考・行動様式の強みと弱み、人生観・社会観・人間観・家庭観の明確化などだ。人によっては、生活上の行動基準、上司の補佐や部下指導をする上での基準なども加わるだろう。

❷今、自分が変えなくてはいけないことは何か？

時間のルーズさ、言行不一致、依存心、ダラダラ残業、先入観で人を判断すること、「ねばならない」式の固定化した考え方、仕事に対する自信過剰、現状維持をよしとする挑戦力の弱さ、流行を追うだけのファッションスタイルなどである。

人によっては、上司の嫌う曖昧な言葉遣い、挨拶は部下が先にすると考えている自分の尊大さなどが加わるかもしれない。

❸今、自分が当然やっているべきことは何か？

仕事能力向上（仕事力全般）、特技習得（専門性の高い仕事力）、能力開発（人間としての成長、向上）、創造的趣味開発（余暇の充実）、人脈、信用づくり（レベルの高い人との出会い）、財産づくり（収入、支出のバランスを上手に保つ）、家庭対策（我が家に憲法をつくる）、体力づくりプラン（スリムに、健康に）などだ。

❹今、自分が新たに取り組まなければならないことは何か？

新しい仕事、困難でより高度な仕事、若い部下から「鑑（かがみ）」と言われる人間になること、上司の業務の代行などだ。

❺今、自分が決めなくてはいけないことは何か？

自分にふさわしい勤務形態、職場での生き方、キャリアの磨き方、長期短期の人生設計などだ。

❻今、自分が学ばなくてはいけないことは何か？

キャリア開発につながる資格の勉強、語学の勉強、職場で代替不可能な人材になるための勉強、歴史を学ぶ勉強、大和言葉のよさを取り入れる勉強などだ。

「今」に安住するな

ある研修で、35歳の中堅ビジネスパーソンが「現状に満足しています。人間、年相応のことをやっていればいいじゃないか」と言った。肝を潰す言葉だよ。「**年相応**」**なんていうもっともらしい言葉を使って、年齢の枠の中に自分を閉じ込めるのはナンセンス**だ。本人が現状でよしとしても、会社や上司は、それでは困るだろう。満足していたら、しのぎを削る実力社会で戦力になれない。本人の生活も慢性、慣性、惰性の3性病にかかってしまう。もっと背伸びして、身の程よりも上を目指してみよ、と言いたい（期待に応えるのではなく、期待以上のことをやりとげる）。

脳は生まれた瞬間から死ぬ瞬間まで絶えず何かに反応していると言われている。どんどん新しいこと、慣れないこと、難しいこと、苦手なことに挑戦しないと、脳が衰えてしまうよ。人間、生きている限り、上昇志向が大切なんだ。

浄土真宗中興（ちゅうこう）の祖・蓮如（れんにょ）は、「**心得たと思うは心得ぬなり。心得ぬと思うは心得たるなり**」と言っている。

人間は、「これでわかった」「これでいいんだ」と思い込んだ瞬間、仕事にせよ人生にせよ、そこで進歩が止まってしまう。逆に、「**自分はまだわかっていない**」「**自分はまだ未熟者だ**」と思っ

ているうちは懸命に努力するので、進歩していく。蓮如はそう言いたかったんだと思う。

永遠に「心得ぬ」状態、つまり「これでいいはずがない」と積極的に進歩を追求する姿勢であることが、仕事や人生の充実を約束してくれるということだ。

勉強に遅すぎることはない

今の自分は仮の自分でしかない。明日の自分こそ本当の自分だと考え、やってみたいことについて、面倒だとか、照れくさいとか、なにも今さらなどと尻込みしないことだ。**勉強に遅すぎるということはない**んだ。

新しい体験が新しい考え方や基準をつくり出すし、新しい行動によって、未知だった事実が明らかになってくる。「そのうちに」とか、「いつの日にか」なんて言っていたら、人生すぐに終わっちゃうよ。だから、1日でも、1歩でも早く、新しい場所へと踏み切ることが大切だ。

とりあえず、できることから、できるところまでやってみればいい。私もいつもそうしている。今から、何かを始めてみよう。1日3分でよい。短い時間に小さな目標をぶつけて継続することだ。

武士道を説いた『葉隠（はがくれ）』に、こんな言葉がある。「人間の価値とは、**平常の時も非常の時も、この一時に燃え、この一念にかけて生きることができるかどうか**にある」。

今日を逃げては何もできない。自分の心を揺さぶって、絶えず興味を育て、熱中の嵐を体内に吹き通らせたいものだ。

君よ、強い意志を持って物事をやり遂げる人間になろう。強い達成動機を持とう。何がなんでもやりぬく気力を持とう。積極的な考え方の仲間とつき合おう。努力している人を味方につけよう。小さな充足感や成功体験を積み重ねるよう努力しようではないか。

もう1つ言う!

行動を抑制する心理的要因の1つに「幼弱性」がある。幼い子供に顕著な行動様式を、大人になっても持ち続けることだ。

❶**自己中心性**……他人を思いやるべき時に、**思いやろうとしない**行動傾向。
❷**依存性**……他人を頼りにすべきでない時に、**他人を頼ろうとする**行動傾向。
❸**観念性**……行動すべき時に、抽象的に考えるだけで**行動に移らない**傾向。
❹**逃避性**……逃げるべきでない時に、**逃げようとする**行動傾向。

どうだろう?　当てはまる点があるのではないだろうか。行動は、この4つを改めるところからスタートする。

40 修羅場は自分の進化を証明する機会。ひるまずリングに上がり続けよ。

決断力の条件

社長というと、決断力に富むスーパービジネスパーソンだろうと思いがちだ。確かにそうなのだが、一方で、多くの社長が「不安だ」「孤独だ」と本音（ほんね）を漏らすのも事実。社長とは、「**不安に打ち勝ちながら日々戦い、進化する人間**」なのである。

社長は社員が究極的に進化したらどうなるかを映す鏡とも言える。社長の戦い方から、学び方や自分の改革法を探ってみよう。

社長の仕事は決断の連続である。自分を含む社員全員が幸せになるための方向を定め、実行するために、次の３つの決断を下す。

❶顧客を満足させる。
❷社員の成長と豊かな生活を保証する。
❸確実に利益を出す。

決断に時間はかけられない。ビジネスはスピード・イズ・マネーである。意思決定、変更、実行の先送りは許されない。今までは時期を待てば解決できた問題でも、今はちょっとしたタイムラグが命取りになりがちだ。より強い決断力が求められる。

では、どうすれば決断力を身につけられるのだろうか？

一般的には、決断力の条件とは、「カンが鋭い」「腹が据わっている」「覚悟ができている」などとされるが、これらの条件を身につけるマニュアルは存在しない。

となると、決断力とは天性の資質なのだろうか？　それは違う。決断力を求められる場面を数多く経験することで養われていくのだと思う。背水の陣を敷き、**逃げない勇気を持って決断と実行を繰り返す**ことで、より強い自分に出会うことができるのだ。

「失敗したら他の仕事に切り換えればよい」とか「自分が苦しんでいる姿を見たら、他人が放っておかず、援軍が現れるだろう」と期待したり、状況の変化に右往左往したりするようでは、社員の信頼は得られない。社長は強い芯を持ち、決断と実行の結果に対して確固たる自信を持ち、責任を負う度量を持たねばならない。

ビジネススクールなどで机上の理屈を学んでも、人は強くならない。幾度となく**修羅場をくぐり抜けてきた体験だけが、人間の芯を強くする。**

厳しい決断を下した時、「一緒に！」と応じる人がいるか

では、どんな点を意識して戦いのリングに上がればいいのか。次の3点を挙げたい。

❶直観力

直観力とは物事の全体を見渡し、核心を見抜く力を言う。変化が著しい時代には、経験や前例だけでは量れない複雑な事態が多々起こる。通り一遍の分析や論理では先が読めないからこそ直観を頼りに決断し、行動することが必要なのだ。これまでの考え方や既成概念をリセットして物事を眺めてみよう。それが直観力を養うことにつながる。

❷責任能力

直観で判断し、実行した結果がマイナスに出た場合は、社長が責任を取るのが当然である。社長は常に社員の先頭に立ち、強力に引っ張る「勇気あるリーダー」でなくてはならない。理屈を並べて失敗を正当化しようとしても始まらない。そもそも、**決断と実行があってこそ企業の価値が生まれる**わけで、実行の中には、なにがしかのリスクを取り、責任を負うことが最初から含まれている。この基本的なことを理解せずに、失敗の責任を部下に負わせるような社長がいたら、社員は不幸である。

❸説得能力

決断は、最終的には独りで下すものだが、それは、社員や幹部の意見、アイデアを熟慮した結果であることを忘れてはならない。決断を実行するには、社員や幹部を組織として束ね、機動的に動かせる統率力と人望力が必要なのだ。決断の意味を語り、理解させ、納得させ、協力してもらう説得力も欠かせない。

人望の有無は、厳しい決断を下した時の部下の対応でわかる。すぐに「やりましょう、社長！」という答えが返ってくるようなら、大丈夫だ。「この人となら苦労を分かち合ってもいい」と部下に思わせる本質的な何かを持っている。日常の仕事の中に、心の琴線に触れるマインドがあるに違いない。「仕事には厳しいが、人情の機微をわかっている」と感じさせる行動パターンがあり、それが部下を奮い立たせる求心力になっているのだ。

心をピカピカに磨いてくれる3種類の友

社員から愛され、勇気あるリーダーとして尊敬されるためには、ぜひ、次の3種類の友人を持てと言いたい。伊藤肇『現代の帝王学』には、こうある。

❶原理原則を教えてくれる師

原理原則とは普遍の人間真理であり、偉大なる常識である。社長といえども人間であり、原理原則を踏み外すことがないとも限らない。その時に教え諭してくれる指南役を、日頃から持っておこうではないか。

❷直言してくれる側近や部下

社長は深刻な孤独感に襲われることがある。そんな時、なんでもズバリと言ってくれる幹部社員とか若い部下がいると、心のバランスを取り戻せる。心地よい情報しか耳に入らなくなって唯我独尊になることも防げる。逆に言えば、社長には、自分と異なる意見に真摯に耳を傾ける懐の深さが必要だ。

❸よき幕賓

幕賓とはトップの相談役、アドバイザーのことだ。会社や業務に利害関係のない第三者は、客観的な立場に立って公平無私な評価をしてくれる。

社長よ、決して立ち止まってはならない。このような友人を身近に持ち、しつこく、しぶとく、したたかに決断せよ！　そして指導者の道をより確実なものにしていけ（本項は「社長」という主語を「私」「自分」に置き換えて読むことを忘れないでね）。

もう1つ言う!

3人の友と同時に、人脈作り5つのポイントを挙げておく。

❶ 共通体験を培うこと（勉強会、研修会、各種プロジェクトで知り合う）

❷ まず我が身を修めること（自分を高めていけば人が集まってくる）

❸ 自分の情報の質を高めること（オンリーワン情報を持つ）

❹ 性急に見返りを期待しないこと（ギブアンドテークを露骨に出さないこと）

❺ 人脈を保つ努力を忘れないこと（こまめに電話、メールを打つなどして人脈を保つ努力をする）

41 準備が十分なら本番でダッシュがきく。プロは勝負の前に勝っている!

給料をもらっているからプロではない。勝負しない時に努力しているのがプロ

若い同業の方から、よくこんな質問を頂戴する。「50年以上もコンサルタントを続けられた秘訣はなんですか?」。私は迷うことなく答える。「**準備、準備、準備に明け暮れてきました**。これからも仕事がある限り、準備に命を懸けていきます」。**プロを志す人は、「溜め」の努力(準備)を惜しんではならない**ということだ。

「給料をもらっているからプロだ」という考えは甘い。第一、休んだって給料をもらえる身じゃないか。

私が考えるプロとは、首を懸ける覚悟、失敗したら自分で責任を取る覚悟、いつも相手の利益を考えて努力する覚悟、どんな条件でも水準以上の結果を出す覚悟をし、それが当然だと腹をくくっている人だ。その結果、**クライアントから「あなたの言うこと、やることなら信じられる」という言葉を常にもらっている人**である。

プロでありたいのであれば、次の言葉を味わってほしい。

「人より10％すごい奴は足を引っ張られ、人より2倍すごい奴は嫌味を言われ、人より3倍すごい奴は煙たがられる。しかし、**人より10倍すごい奴はみんなが協力してくれる**」。

また、こんな話もある。40歳の建築家が施主と40分、設計の相談をして、明確な方針が決まった。設計料が４０００万円だったので、施主が「あなたの仕事は1分間で１００万円ですね」と冗談を言ったら、建築家は「いいえ。**私は40年と40分も考えたのです**」と答えたという。

この建築家が施主の要望に相談の場で即答でき、その場で方針を決められたのは、日頃の（40年の全人生の）準備があってこそ。まさに「**プロは勝負しない時が勝負**」なのだ。

継続的な準備が安定した技術・知識をつくり、そこから信頼が生まれる。「仕事が速くて正確だ」と言われる人は、たとえば自宅で、就寝前の30分間を翌日の仕事の段取りにあてているのだろう。「**気働き**」**よりも一歩進んだ**「**前働き**」の**精神**だ。

勝負は平素にある

思いがけない能力が発揮できて予想以上の成果を上げられた場合なども、実は日頃の準備が潜在能力を高めていたからだと見るべきであろう。ツキに恵まれて成功した場合も同様だ。ツキは偶然の力だけでもたらされるものではない。準備に偶然の力が加わってこそツキになるのだと思う。

いずれにしても、**普段から能力を蓄積し、チャンスが巡ってきた時にすかさずつかむこと**が大切だ。人より多いちょっとの努力と、ちょっとの苦労がモノを言うのである。

もちろん、どれほど準備をしても、「いい結果につながるかなあ」「実績を出すほどの力は養えただろうか」などと不安になる。だが、私の経験から言えば、この**不安と緊張こそ、プロを志す者が避けて通ることのできない精神の修羅場**なのだ。不安との勝負に負けずに努力していく以外に道はない。

プロとは、いつも正念場、修羅場に身を置ける人。**勝負は平素にあり**ということだ。

プロは汗臭さをバカにしない

私自身のことで言えば、たとえ月1回の合宿研修であっても、**来てくれる受講生に感謝し、心身ともに最高のコンディションで臨むのがプロとしての基本**だと考えている。だから、1ヵ月前から6つの講義内容の1つ1つを、最低5回、入念に読み上げる。読み上げているうちに削除・訂正・補足の箇所が見つかったら、ノートをつくり直す。

こうして頭を鍛え、並行して次の4つの心身トレーニングも課している。なぜなら、**生活の中**

だけなのだ。

に鍛錬の仕組みが敷かれているのがプロだからである。プロが頼れるのは、自分の頭と頑丈な体

❶**明快で聞き取りやすい声を出すためのボイストレーニング**（喉も筋肉トレーニングをしないと衰える）

❷**メタボ体形ではない「普通の体」を維持するための筋力トレーニング**（男は腹を出すな、胸を出せ、である）

❸**明るく元気な表情でいるための表情筋トレーニング**（「雰囲気は教育なり」という言葉もある。外見を磨くことは、声と姿勢を磨くことに他ならない）

❹どのような難問が提起されようとも、**明快で、具体的で、即活用できる解答を提示するための頭のトレーニング**

これら4つの準備に日々精進することが、私を待ってくれている人たちへの最低限のエチケットであると考え、実践している。

ここで、しつこいようだが、守谷流プロ5ヵ条を紹介する。

❶素人の3倍の知識と技能を持ち、3倍の意欲と熱意を持ち、3倍のお金を稼ぐ。

❷過去の実績に固執せず、お客様が今要望していることにハッキリと答えを出す。

❸寝ている時間以外はすべて勉強。24時間スイッチオンで決してアゴを出さない。

❹準備に120％の力を注ぎ、本番では遊びの気持ちで仕事ができる。

❺全力でやってギリギリできるかできないか、という高い目標レベルを設定し、「**できる・**

やってみる・あきらめない」の執念で取り組む。

プロを志すのであれば、「情熱・努力・気概・節制なんて汗臭い言葉は死語じゃん」とバカにしないことだ。

20代は30代の準備、30代は40代の準備の時期である。私の年代別の軌跡を紹介したい。

30代は恥かき、汗かき、自分アピールの時期……お辞儀をしよう、名前を覚えてもらおう。つらい時に昔の仲間と会うのはやめよう（後ろを振り向くな）。

40代はオンリーワンの売り物を磨く……自分の人生観、職業観が一目でわかる「語録」をつくる。戦略頭脳を24時間働かせ、決して疲れない精神力と体力をつける。

50代は信頼第一に、リピーターを増やす時期……「語録」との言行一致を貫くことで信用を得る。人儲けにも金儲けにも全力投球する。

60代は「いつ会っても新鮮！」を売る……もういいや、と思うな。感謝と感動を忘れるな。仕事・睡眠・食事・運動・休養のバランスを取る。

70代は毎日が初心……健康体重の死守。慢性・慣性・惰性の3性病にかからない。エッセイや小説に挑戦する。

80代は「継続は力なり」を忘れない……月1回の研修・講演でも全力投球できる準備を怠らない。体の柔軟性を若い受講生に負けないレベルに維持する。

42 一日一挑戦。生きている限り変化し続けよう。

挑戦して初めて自分が変われることに気づく

人間、**生きている限りは、取り組んだことのない新しい何かに挑戦し続けたい**ものだ。成長＝変化と考え、能力や人間性を日々、変化・成長させていこう。「自分を変えたくない」とか「自分は変われない」と言って、変化に消極姿勢を取ったり、成長を拒否、拒絶した途端に、身も心も老化してしまう。

では、どんなことをすれば、心が色あせることなく、脳が若返って心身が活性化するのか？**最初から大それたことは考えなくていい**。とりあえず、次の6つの小さな変化を意識的に生活に取り入れてみてはどうだろうか。小さな冒険の勧めだ。

❶一日一喜……1日に1つ小さな幸せを見つけて書き留める。

たとえば朝、ウォーキング中に美しい花を発見し、嬉しい、楽しい、ラッキーだと感じたら、そのことを言葉で表現し、書き留めておく。人に見せるものではないので、遠慮なくどんどん書くといい。夜、寝る前に読み返したら、いい夢が見られるかもしれない。

私は寝床にいつも数冊の本を置いていて、感動的な言葉を発見したら、「いただき！」と即メモ帳に書くことにしている。ある日のページには「**『読む・書く・会う』がなかった日は、何もしなかったも同じだ**」（中谷彰宏『仕事運が強くなる50の小さな習慣』）という言葉が記入されていた。

❷一日一言……1日に1回はハートのある美しい言葉を口にする。

「ありがとう」「嬉しい」「お世話さま」「素敵ですよ」といった他人が喜び、自分も楽しくなる言葉を、1日1回といわず、ことあるごとに口にする。お互いが美しい言葉、思いやりの言葉を発信し合えば、言葉に対する感受性も強くなり、人生が豊かになっていく。

テレビでは、「チョー」「メッチャ」「カワイイ」といったワンパターン語彙が繰り返され、我々自身も「生きざま」「感動をありがとう」「癒やし」といった情緒的な言葉で場をしのごうとする傾向があるが、たとえば「ぐっと来た感じなら『胸に迫る』、ずしんと来たなら『胸を打つ』、じわじわ来たなら『胸に染みる』」（高橋こうじ『日本の大和言葉を美しく話す』）といった言葉の使い分けをしてみようではないか。

あるいは、年長者から自慢話を聞かされたら、眉をひそめるのではなく、「**ご苦労があったんですね。教えて下さい**」と言ってみよう。これぞ老人キラーの言葉だよ。

一日一度はバカバカしいほど楽しいことを考えよう

❸一日一新……1日に1つ新発見をする。

たとえば会社からの帰途、1つ手前の駅で降りて歩いてみたりする。自分が毎日利用している駅と、どこがどう違うか、周辺にどんな店があるか、どんな人たちが住んでいるかなど、興味をそそられることがたくさんあるはずだ。要は慣れないことをするのが脳の活性化にも役立つということだ。

❹一日一笑……1日に1つユーモアで人を笑わせ、自分も笑う。

ユーモアで職場や家庭をなごませる人が、ジョークも言えない尊大な人よりも好かれるのは当たり前だ。笑いは人間関係の潤滑油である。

「笑いは武装を解除する」という言葉もある。

人と人との関係で、笑いほど大切なことはない。お互いの間に横たわる〝垣根〟を取り除き、信頼関係を築く第一歩になるのも笑いであり、信頼関係を確認するのも〝笑い〟だからだ。

笑顔は、相手にとって危険なことはありませんよ、という〝心の信号〟と言ってもよい。

「教育とは雰囲気なり」ということについて、私はそこに指導する人間の笑顔がなくてはいけないと思う。組織の中で、いつも肩肘(かたひじ)張ってめったに笑わない権威的な上司よりも、いつもにこやかなリーダーに、部下は率直な意見を述べやすいし、大げさにいえば、笑顔こそ、「情報のプール、アイデアの源泉なのだと言ってよい。

上司と部下、いや人間は笑うことで親しくなれるのだ。一緒に笑うことによって、お互いの距離がぐっと縮まってくるからである。

❺一日一想……1日に1回、楽しいことを考える。

独善的でも、バカバカしくても、あり得ないことでもいい。心楽しい夢を描こう。ストレスを撃退できるし、心に「そうありたいなあ」という変化の芽がきざすかもしれない。

私など、超楽観主義でとてつもなく独りよがりな夢を見る。たとえば単行本の執筆なら、「もし何百万部の大ベストセラーになったら、編集者やマスコミ関係の自宅詣でがひきもきらないだろうなぁ。その時、私は平常心で対応できるだろうか？　私の生涯テーマでもある合宿研修の時間は確保できるだろうか？」といった具合だ（笑）。

「なにも今さら」は禁句！

❻一日一動……1日1回は体を動かす。

私の体力トレーニングの定番は、ラジオ体操、ストレッチ、腕立て伏せ、前屈運動、腹筋、体幹、足上げ運動、全身曲げ運動の8項目だが、オプションもある。たとえば5月から8月の夏場は、早朝ウォーキングを取り入れている。

外に出て、ひんやりとした空気を頬に感じただけで気分が引き締まる。私にとって早朝ウォーキングは、気取って言うと、「歩きながらの禅」、つまり、「歩禅」と言ってもよい。「暁（あかつき）に悟りあり」なのだ。

なお、私は一日一動の効用は、健康面や体力面以外にも、5つあると考えている。

・新陳代謝が盛んになり、内臓によい
・腹筋を鍛えるので、お腹の底から声が出る
・1人で続けるので、強い意志力が養われる
・頭に酸素を送るので、ピカッ！　とくるひらめきが増える
・体のキレがよくなり、行動が軽快になる

先の6項目、少しは参考になっただろうか。要は、異質の体験を取り入れることで、錆びつきやすい脳にガツンと一発、刺激を与えるわけだ。

最後に、私の好きなロック歌手・永ちゃん（矢沢永吉）のカッコいい言葉を紹介しよう。「トライしたり、自分の何かをちょっとシェイクして（揺すって）みるよ。**シェイクすれば、ひょっとしたら、気持ちいいものに出会い、ハマるかもしれない。一つハマれば、ちょっと嬉しくなる**」。

いずれにしても、「今まで通りでいい」「自然体が一番」「なにも今さら」といったセリフが口

をついて出るような生き方はしたくないものだ。

やりたいこと、成し遂げたいことがあるならば、思い切って周囲の人に「宣言」をしてしまうことだ。そう「背水の陣」をしくのである。宣言する時は、腹をくくって、自らの言葉と心中する覚悟を持て！　と言いたい。要するに、引き下がれないところまで自分を追い込んだら、あとはやるっきゃない！　ということだ。宣言は自分を激励するムチにもなるんだよ。

要は、一度やると決めたらなんとしても実行する、始めたら、ともかく無理をしてでも駆け抜ける。「なるようになる」の気持ちでは、絶対に思うようにならない。どうせやるなら、全力疾走。おっかなびっくりでやってはダメ。覚悟を持って、命を懸けてやることだ。

43 安定・安全を嫌え。常に問題提起せよ。生意気人間を目指すんだ！

図太くいこう！

自分を変えていくなら、とがった生意気人間を目指せ。愛想のいいイエスマンになるな。これが私の持論だ。調和の取れた従順人間や、摩擦を避けて低い安定をよしとする人間、あるいは常識のみを尊ぶウスノロ人間になっては、差別化戦略や生き残り戦争に勝てるわけがないからだ。

とがっているのは、自分の考えを持っていることである。生意気なのは、周囲の空気にフラフラ左右されないことだ。**とがった生意気人間にチャンスあり**、とリーダーは声を大にしてアピールすべきである。

現代は、企業にも個人にも、**違いをつくり出す創造的能力**が求められる。競争は「競創」なのだ。従来の枠にはまらない自分のアイデアを持った人間の出番なのである。

リーダーとして自信があるなら、部下にこう言ってやろう。「もう俺の命令に不承不承（ふしょうぶしょう）従う必要はない。**納得できないなら、その理由をはっきりと主張し、場合によっては議論をふっかけて**

こい」と。ただし、「それで決まったことには、一言も文句を言わずに潔く従うことだ」とつけ加えるのも忘れずにね。

実力主義の時代は、自分の実績を**自慢し、能力を誇張できるくらいの図太い神経を持つ生意気人間でないと生きていけない**。「努力しています」「誠実にやっています」なんて説得力のない話をしているようでは、会社にいられなくなってしまいかねない。

現状維持でよしとする人間は現状維持すらできない

次に挙げるのは、ある会社の「期待される人物像」の具体的なランクづけである。

❶**人財型人間（意識的に問題をつくり出し、手を打てる）**……絶対にいてほしい。
❷**人材型人間（問題点を積極的に見つけ、手を打つ）**……いてもいい。
❸**人在型人間（見える問題点だけに手を打つ）**……いてもいなくてもいい。
❹**人罪型人間（問題点に気づいても手を打たない）**……いないほうがいい。
❺**人災型人間（問題点に気づかず、現状維持）**……いないほうがいい。

そこで私は、中堅社員を対象にした研修上で、答えづらいことを承知の上で、「君は今の会社で、なくてはならない人財として評価されていますか？」と聞いてみた。25名中20名が、「まあまあ」と曖昧な返事をした。ところが、残りの5名は「わかりません」と、あっけらかんとした表情だ。これには耳を疑った。危機意識がなさすぎる。私が社長だったら、この5人は、その時点でリストラ候補だ。

もし、この研修にとがった生意気人間が出席していたら、こんな恫喝(どうかつ)発言をやらかすだろう。

「**私は○△について、年間○○の数字を出して貢献しています。私を粗末に扱ったら、会社の将来はありませんよ！**」と。

「普通の部下」をつくるな

ここで、私が「人財」と評価するとがった生意気人間の行動特性を挙げておこう（↓以降は、こういうとらえ方もできるという逆転の発想である）。

❶**目的に納得しないと動かない**↓自分の頭でとことん考え、主張する自我を持っている。だから周囲の意見に左右されない。

❷**社内秩序より顧客第一主義を優先させる**↓社内の暗黙の力関係や序列に従おうとせず、顧客貢献のテーマを常に考えている。

❸**計画後すぐ行動を起こす**↓着手が早く、現場主義に徹し、失敗したら即修正するフットワークのよさを持っている。

❹**創造的な仕事にこだわる**↓作業系の仕事より、考える系の仕事を好む。

❺**常に問題提起せずにはいられない**↓好奇心旺盛で、常に課題や問題意識を持ち、時に常識を逸脱したユニークな問題提起をする。

❻**協調より成果にこだわる→**自分の強みを持ち、プロとして成果を出そうとする。

❼**前例踏襲、形式主義より変革を好む→**既存のしがらみを捨て、常に変革を考え、かつそれを実行する。

このような行動特性を持った社員を、リーダーが「困った奴だよ」と低く評価するようでは、優秀な部下は育たない。扱いにくい部下と対決しながらも活用していく知恵を身につけることが、リーダーの器量である。**摩擦・緊張・争いこそ組織活性化の原点**だと腹を

くくることだ。
中途半端なホドホド人間が「うちは人に優しいよ」などと満足しているような会社は、ロクなものではない。そういう会社は、いずれは没落していくだろう。今こそ生意気人間の異質な発想を認め、自分の意見を必死に実現しようとしているとんがり人間（単にとんがっているだけの人間は論外！）の存在を歓迎し、彼らの個性と積極果敢な迫力に期待するべきだ。
リーダーは、異質の発想を受け入れる度量と、寛容の精神を持ってほしい。くれぐれも生意気な若者を叩き潰して「普通の人」にしないでもらいたい。

もう1つ言う!

半世紀も前に、S・M・デビッドソンという人が、『対立の経営学』という著書で、「摩擦が発生した時の上司の役割は、それをなくすことではなく、摩擦を創造的に管理することなのである」と喝破（かっぱ）している。そのデビッドソンの考えを一部紹介しよう。

❶若者が仕事上でミスを犯すことを許せ。
❷口答えを奨励せよ。
❸物事を自分の頭で考えるように普段から仕向けておけ。
❹健全な競争状態をつくっておけ。
❺単刀直入に話す習慣を身につけさせよ。
❻創造的な人に報いる組織風土を確立しておけ。

44 進みたいなら初心に戻る。今ここで人のために何ができるかを考え抜け。

変わりばえしないことを徹底することで、人は徐々に変わっていく

新しい自分をスタートさせたい時は、新スキルの習得とか創造性の開発なども不可欠だろうが、一番大事なのは、「基本が大事」「凡事徹底」という初心に戻ることである。才能は人のために使うものだと自覚し、「今、この場所で、人のために何ができるか」を考え抜くことだ。

「自分が、自分が」と自分にとらわれているうちは、新しい自分を発見できるわけがない。まずは枠にはまってこそ、個性の発揮、自己実現ができる。**基礎があった上での個性であり、凡事徹底ができてこその創造性**なのである。

そこで、私が新人研修で話している基本を、ここで確認していこう。

第1に、会社について、理想と現実とは全然違うことを肝に銘じなければならない。

❶ **会社は理不尽なことが日常的に起こる場所**だと腹をくくれ。

会社や組織で自分の望みが100%かなうことなどない。自分の意思とは裏腹に、理不尽で不合理なことがまかり通るところだと覚悟を決めるのが基本の基本になる。

❷いい会社とは、規模、知名度、伝統といったブランドではなく、**「自分一人で食っていく力」**を社員に与えてくれるところだ。だから、仕事が山のようにあるのは大歓迎せよ。

ブランドで会社を選ぶ人がいるが、自分の名刺にブランド社名が刷られることに価値を感じているとしたら、バカバカしい発想だ。大事なのは**自分が仕事を通して社会に貢献できることであって、会社への所属は社会貢献するための手段にすぎない**。会社のブランドなどよりも、何のために働くかという意識の持ち方が大事である。

❸**会社は仕事にハマる、熱中する、夢中になる社員を求めている。**

趣味が一番、仕事は二番なんていう人間は歓迎されない。

「すぐやります！」の一言でその他大勢から抜け出せ

次に、働き方の基本を確認しよう。

❶働くことは、周りの人がラクになるように工夫することだ。

初めに、上司・先輩を含む「顧客」の要望する仕事ありき。自分の好きな仕事、個性に合った仕事ありきではないんだよ。基本をマスターしないと、適職など見つからない。ズバリ言えば、若い時の個性など必要ない。あくまで仕事の基本の原理原則に忠実であれ。

❷「大したことのない仕事」など、会社には1つもない。

自分で仕事をつまらなくするな。**仕事がつまらないんじゃなくて、その仕事に工夫をしない自分自身がつまらないんだ。**仕事がつまらない時は、「なんで会社は給料を払ってこの仕事をさせるんだ？」と考えてみよう。「大したことのないと思う仕事」がクリアできた時、その報酬として質の高い仕事が舞い込んでくる。

❸圧倒的な仕事量をこなせ。

キャリアとは、仕事を何年か続けて自分のやり方が身につき、周囲が「彼ならではの仕事だね」と認めてくれた時に与えられる。つまり、努力の結果、ついてくるのがキャリアだ。入社早々から「キャリアに結びつく仕事をしたい」と言ってもムリな話である。１年目はとにかく会社に来なさい、２年目は仕事を覚えなさい、３年目頃から自分のキャリアについて考えなさい、と言いたい。

❹最低限のマナーは常に必ず守れ。

マナーは組織社会のルールである。仕事ができてもマナーの悪い奴は評価されない。身だしなみ、挨拶、言葉遣い、表情、姿勢などに注意せよ。言葉遣い一つで資質が判断されるんだ。英語の前に敬語を学べと言いたい。

❺依頼された仕事は「すぐやります！」と引き受けよ。

難しい仕事でも、中間報告日を設定し、その都度上司にアドバイスをもらえば大丈夫だ。部下は上司が何を急いでいるのかを知らなければいけない。「いつでもいいよ」と言っても、その言葉の裏を読んで、すぐに取りかかれ。上司の気持ちを読めなければ評価はしてもらえない。

たとえば、「これを10部コピーしてくれ」と頼まれた場合、「はい、コピー10部ですね、すぐやります」と返答する。一般的には、「はい、コピー10部ですね」とか、「はい、わかりました」で終わる人が多いだけに、「すぐやります」のプラスワンがあれば、その他大勢から抜け出すことができる。

❻なんでも上司が教えてくれるはずという依存的態度は捨てよ。
上司や先輩をロールモデルにしていく積極性こそ必要だ。

❼上司が見ていない時の言動は5割増しで伝わると思え。
「陰日向なく、いつもまじめに」がキーワードだ。モットーは「一生懸命働こう」「勉強しよう」「正直であろう」である。

頭のよさより感じのよさがチャンスを引き寄せる

❽周囲の人を味方につけよ。
人に好かれる人はチャンスに恵まれる。好かれるためには、「頭がいい」よりも、「感じがいい」と思われよう。情熱とひたむきさを持て。口下手でも不器用でも、誠実に真剣に話せば通じる。また、ミスをしたら言葉20、態度80の精神で挽回せよ。メールでは誠意は伝わらない。

❾バカになれ。
中途半端な打ち込み方は印象に残らない。圧倒的な努力とバカになれる情熱を持て。

こうした小さな行為の継続が、やがて大きな差となり、他の人たちとは一味違う個性として輝き始めるのだ。少なくとも、周りの人はそういう見方をするだろう。**先輩、上司から「君と一緒に仕事をしていると嬉しい気分になるよ」と言われたら、それは立派な才能だ**と言っていい。新しい自分がそこからスタートするのである。

もう１つ言う!

もし君が新人ならば、さらに、ＡＢＣ人間を心がけることも大切だ。

A……当たり前のことを。

B……バカにしないで。

C……ちゃんとやる。

これで満足してはふつうの新人だ。「ハイ、やります」ではなく「ハイ、必ずやります」という返事ですごい新人という評判が立つ。

45 5つの「シンボウ」を武器にマンネリと戦え。

大きなことをするには、「しない」という辛抱が必要

なんのかんの言っても、会社にいる限りは「競争と評価」が常についていて回る。闘わなければ落ちこぼれるし、自分が変わっても周りから評価されなければなんにもならない。

そこで、以下の5つの「シンボウ」を取り入れていただきたい。根性を据えて取り組めば、会社のサバイバル競争も取るに足らず、評価も盤石になること間違いなしだ。

❶辛抱(しんぼう)……地味で地道な修業に耐える。

中国清末の大政治家・曽国藩(そうこくはん)の言葉「四耐(したい)」「四不(しふ)」を参考にしてほしい。

四耐とは、会社や世間で大事を成すには、4つのことに耐えよということだ。

●耐冷……世間の冷たさ、他人の冷笑に耐えなければならない。
●耐苦……病気や失敗、ストレスなどの苦しみに耐えなければいけない。
●耐煩……忙しさや面倒くささ、仕事が際限なくあることに耐えなければならない。
●耐閑……仕事を減らされたり干されたりしても耐えなければならない。

四不とは、自らの行いを戒める言葉だ。

●不激……悪いことが起きても腹を立てたり興奮したりしない。
●不躁……よいことがあっても調子に乗ったり騒いだりしない。
●不競……意味のない競争には時間や力を費やさない。
●不随……人の言いなりになったり、人の後ろをノコノコとついて行ったりしない。

精神的な熟成とは?

❷**信望……何事も一人ではできないことを知り、先輩や仲間たちと信頼関係を築く。**

信頼関係を築くには、やはり凡事徹底がカギになる。「人より先に挨拶と笑顔」「公私を切り離す」「相手の状況を察して動く」「依頼や問いかけにはすぐに応じる」「メールより電話を使う」「早め早めに相談する」などのことを日頃から実践することだ。

❸**心棒……行動のよりどころとなる価値観を持つ。**

心の中に、太い柱のような信念、考え方、仕事の仕方、価値観を持っていると、それが人間的な魅力や深みを増し、周囲の共感と支持を得られるようになる。

心棒は、次の3つに分けられる。

- 観……会社観、仕事観、人間観など、自分なりのものの見方や考え方、哲学。
- 想……「こうしたい」「こうありたい」と言う想いや意思。
- 志……成し遂げたいこと、目指していることなど。

こういう精神的側面は、じっくりと熟成させることが必要である。「あの人は深みがある。味わいのある人だ」と若い部下に言われたら、先輩社員として最高だ。それこそ、人を動かす上で一番大事な「憧れ力」そのものと言ってよい。

❹深謀（しんぼう）……何かしようとする時は先々のことを考え、慎重に計画し展望を描く。

仕事は「結果を出すこと」が求められるので、「慎重に考えましたけどできませんでした」とか「急ぎましたが間に合いませんでした」では通用しない。

❺心房（しんぼう）……健康管理を怠らない。

心房は私のオリジナル語で、心と体の健康は表裏一体、日々の健康管理が大切だといった意味である。簡単なヨガやウォーキングでもいいから、体の緊張をほぐせば、精神の緊張も自然とほぐれてくるのだ。

たとえば、もし5分間しか時間が取れず、通常30分かかる運動ができない時でも、中止はしないで、5分間だけやる。この5分間が大事なのだ。体が5分間の努力を認めて協力態勢に入ってくれ、30分運動したのと同じ効果がある。

科学的裏づけこそないが、これは私の実感である。なぜなら、私は合宿時は夜11時過ぎに部屋に戻るのだが、それでも寝る前の5分間、通常パターンの運動を繰り返すと、体はきちんと応えてくれるからだ。

心房を大切にすることで**「体の健康が保たれる」「対人関係が良好になる」「自分のストレスの度合いを把握できる」**の3つをいつも感じる次第だ。

ある研修の朝の体力訓練の時、私のオリジナル筋力トレーニングを見ていた35歳の小太りの青年が、「先生って人間じゃないッスね。怪物です」と意味不明の言葉を発した。「感心している暇があったら、そのメタボの体をなんとかしろ」と返したかったね。私が研修で毎回、「自分の肉体が君らより老化していることを認めたら、その時点で研修は中止にします」と覚悟宣言をすることの重みをまるでわかっちゃいない！

「相変わらず」を繰り返しているうちに、向上心は日常生活の中に消滅していく

ところで君は、なんとなく日常生活の中に埋没して、それでもまあよしとする「相変わらず」という言葉を常套句のように使っていないだろうね？「相変わらず忙しくて」とか「相変わら

ずですよ」「相変わらずの仕事で」と言うと、受け手はなんとなく納得して、何が相変わらずなのか、詮索しない。実に便利な言葉である。

しかし、前と変わらず、いつものように毎日がつつがなくすぎていくことは、喜ばしいことなのだろうか。**「相変わらず」という言葉には、変われない自分、変わらないことに安住している自分が潜んでいる**ような気がする。こうした言葉遣いが習慣化されると、慣れの中に埋没し、日常生活に小さな変化や改革を引き起こそうという積極的な気持ちが薄らいでくる。

脳は放置すれば衰え、使えば鋭くなるという。「相変わらず」と言うほどに、脳は衰えていくのではないだろうか。言葉の使い方で若いうちから老化するなんて、怖い話だよ。

もう1つ言う!

会社時代、ある上司が「あんまり勧められんけどな」と照れ笑いしながら大阪弁丸出しで話してくれた「3つの人生」を紹介する。もう何十年も昔にいただいた言葉だが、今でも私の人生の貴重な教訓として役立っている。

❶ズボラ人生……できるだけ考えや物事を単純化する。

たとえば仕事の質を落とさずにより速く進めるためには、ムダを省き、作業を合理化し、集中力を高めるといったことが必要。つまりワザを磨いてこそズボラになれるのだ。

❷カンニング人生……知らないことは素直に知らないと認め、専門家に教えを請う。

私の場合、人と出会ったら必ず何かを発見するために、あれこれ質問している。

❸アマノジャク人生……物事にはすべて表と裏、長所と短所がある。どちらかに偏らず、常に両面を見ていく。

私の場合、人の言葉の背後にある複雑な思いや感情などを汲み取るようにしている。しぐさや表情に出る心理も見ようとする。これが習慣になって、物事を考える時にも、表面的な現象だけでなく、表裏いろいろな視点から広く深くとらえるようになったと思う。

46 30代は「能ある鷹は爪を出す」時期。「あの部門にはアイツがいる」という存在になれ。

成長とは「自分だけ」という発想から離れること

もし君が20代、あるいは30代前半なら、自分はどういう30代、40代を目指せばいいのか、確固としたイメージを持ったほうがいいね。

まずは中堅社員と言われる30代からだ。いきなり結論を言わせていただくよ。

まず**上司からは一目置かれ、頼りにされ、好かれる存在**になっていること。

そして後輩からは**挑戦すべき目標**にされると同時に、役に立つ（**仕事上の支援をしてくれる**）、ためになる（**悩んだ時にアドバイスしてくれる**）、模範になる（**礼儀やマナーなどを体現している**）先輩になっていることだ。

中堅社員は会社、組織、人間関係やコミュニケーションの要だ。もし中堅社員のモチベーションが低く、イエスマンや指示待ち族、タコツボ人間ばかりだったら、会社は潰れる運命にあると言っても過言ではない。

だから中堅社員よ、遠慮なく、能ある鷹は爪を出して、業績アップに、自分のスキルアップに、後輩の指導に力を発揮しろと言いたい。実際、ビジネスパーソンは30代に一番成長するものだ。いくら地位が人をつくると言っても、部長になって急に成長する人なんて見たことがないからね。

まずは、中堅社員は次の4つの立場にあり、対応した4つのスキルが必要だという認識を持っていただきたい。

❶上下世代のつなぎ役の立場（コミュニケーションスキル）
❷指導力発揮の立場（リーダーシップスキル）
❸チームのキーパーソンとしての立場（テクニカルスキル）
❹知恵で勝負の立場（問題発見、改善のスキル）

これらを理解し実践すれば、27歳頃までには職場で認められる存在となり、32歳頃までには「あの部門にはアイツがいる」と認められる人間になれると思う。

仕事には相手がいる。相手に認められるにはアピールが必要

ところで、いきなり次のような質問をされたら、どう答えるだろうか。「君が今の組織に必要な理由について、成果や実績を挙げて10分間プレゼンせよ」と。

「まじめに一生懸命に働いているからです」なんて話じゃダメ。誠実だの勤勉という言葉では当たり前すぎて上司や周囲の人を説得できない。「努力は称賛に値するが、評価の対象にはならな

い」と突き放されるのがオチだろう。もっとパーセント、頻度、時間などの数字を挙げて、「これが私の貢献度です」とズバリ実績を示さなければいけない。**ちょっと生意気なくらい自分の成果や貢献度をアピールする**ことが重要だ。

なぜこんなことを言ったかというと、今日が平穏でも、明日は予期せぬ「ここ一番！」が突然襲ってくるものだからだ。そんな時に「意味あること」を即答できるように、日頃から訓練しておいてほしい。頭の中でいつもシミュレーションをし、数字を使ったオリジナルな表現を準備しておこう。

30代にやって損はない9項目

30代の生き方は人それぞれ違って当然だが、これだけはやっておいて損はないという9項目を紹介しておこう。

❶社員像……「部門の垣根を越えて発信できる」「役割、立場で話ができ、指導できる」「**トップ依存型社員から脱皮し、市場を見て自分で先を読む顧客指向型社員**」であることが望ましい。

❷仕事像……自分の仕事はトップの方針にどう関係しているのかを考えると同時に部署の方針も把握し、**企業貢献に密着した仕事**に取り組もう。自部門の人・モノ・金の流れを熟知したキーパーソン的存在でなくてはならない。

❸発想蓄積……誰かアイデアはないかと上司に聞かれたら、「これはどうでしょう」とサッと具申できるアイデアを蓄えておこう。**不断の準備によって問題提起できる**自分になり、それを上司に高値で認めさせるのである。

❹上司との関係……「言われたことに言われないことも加えて、さらにいい結果を出す」のは当然。**「何が必要かを自分で考え、実行する」「上司には相談に行かない。回答を持って行く」**になっていなければならない。

❺専門性……この分野は私のものという仕事がなければ、今から即チャレンジする。

❻勉強……日々の仕事をこなすだけではダメ。「プロの仕事人になる」をキーワードに、**寝ている以外の時間はすべて勉強としたい**。たとえば休日や終業後はマクロ経済の本を読んで知識を得る、会計に関するスキルを磨くなど、人より努力することが必要だ。

❼人生設計……人生全体を見通し、目標をリアルに描く。目標には、仕事、専門能力、特技習得、財産形成、人脈づくり、健康づくり、教養などが考えられる。どこから着手すべきか考えよ。

❽生活設計……家族と協力して生活設計の基礎を固める。十分に話し合って、共通のライフワークを育て上げたいものである。

❾自助姿勢……次の「4つのセルフ」を持つ。組織にオンブにダッコの依存的人間ではなく、

自分の人生の脚本は自分で書く「セルフヘルプ型人間」が求められているからだ。

・セルフヘルプ（自助）……**自分のことは自分でする。**

・セルフスタート（自己始動）……**他人から指示されて動くな。**自分から動け。何のために、何を目指して、どのレベルまで、を明確にせよ。

・セルフコントロール（自己管理）……健康、時間、金銭などの管理はすべて自己責任。

・セルフドライブ（自己駆動）……**落ち込みそうになった時は、自分で自分を励ます。**これについては、吉田松陰の「妄（みだ）りに人を師とすべからず」という言葉が参考になる。自分で真剣に考えることなく、安易に人を頼ってはいけないということだ。

4つのセルフを、たまには孤独の中で考えてみる。孤独の時間を大切にせよ。孤独とは、その後に訪れる楽しさの準備段階と考えてみてはどうだろうか。

もう1つ言う!

ある会社では、必要な人間とそうでない人間を、年齢別に次のように規定している。奮起目標として参考にしてほしい。

20代で若さと夢のない人を、会社は必要としない。
30代で金儲けできない人を、会社は必要としない。
40代で人を使いこなせない人を、会社は必要としない。
50代で役員候補以外の人を、会社は必要としない。

47 40代は憧れの人になるかただの中年で終わるかの分岐点。専門性を深めて「企業人」になれ。

「自分でやる」から「人を動かす」へシフトする

次に、君はどんな40代を目指せばいいのかを考えよう。

40代は、花も実もある人生の黄金期だ。一方で、「憧れの人」として若手からリスペクトされるか、ただの疲れた中年と呼ばれるかの明暗が分かれる時期でもある。

ズバリ言うと、40代は自分の専門性を深めて、どこの会社でも通用するほどのしたたかな企業人にならなければ、メシの喰い上げだということだ。

ごく一般的に言えば、40代は、大卒なら入社後18年以上のキャリアを持ち、何回かの転勤と部署異動を経験し、セクションの長として部下を持つ。仕事の量、難度は30代よりもますます高くなり、家族がいる人なら家族と子供に対する責任も重い、ということになろうか。

この時期はビジネスパーソンとして**開花し、大きな成果を上げている人と、若い頃の働き方を変えられず、目の前の仕事に忙殺されたまま漂流し始める人**など、個人の格差がハッキリ出てくる。

また、上層部からは実務のベテランとして、「金儲けできる仕事を創造せよ」「優秀な部下をもっと育てろ」などと、きつい目標を提示され、一方でマイペースな部下からは「なんでそんなに働くのですか」という目で見られたりする。「やってられん」と嘆きつつも、**自分の言動が幹部の意思決定や後輩の成長に大きな影響を与える**わけで、緊張はあるが楽しいものだ。

いずれにしても、40代は価値観形成期であり、**自分という商品の力で勝負をかける時**と言ってよい。つまり、大人としての成熟期であり、磨いてきた武器や信念を持って、自分の名前で勝負していく時だ。

そこで、以下の7点について留意してほしい。

❶**蓄積した専門性をフル活用して、自己の価値を完成させているか**。

この期に及んで売り（専門性）ナシ、引き（人望力）ナシ、箔（上層部も認める業績）ナシの「3ナシ人間」では、将来は限りなく暗い。

❷**体力、気力、常識が充実し、人間としての魅力で輝いているか**。

教養や文化にも精進し、グローバルなネットワークを持っているべきである。

❸**給料と貢献度が一致する以上の実績があると上司も部下も認めているか**。

❹**部下を束ねるコーディネート能力が充実しているか**。

「自分でやる」から「人を動かす」へシフトを終え、リーダーシップを強力に発揮する管理職であるべきだ。

❺**時には社長目線で仕事をしているか。**

一つ上の目線で仕事をするのではなく、会社トップに等しいドラスティックなアイデアを出すことが望ましい。

❻**自分なりのビジョンを確立しているか。**

ミッション（使命）、目指すべき価値、将来ビジョン、行動指針などである。

❼**身につけた専門力と基礎力を台に、新たな仕組みや方策を立案しているか。**

時代に即した価値観をつくり出し、上を説得し、若い世代に伝えることである。

40代で必ず改めておくべき6つのこと

40代は後輩への影響力が大きい世代だから、こんな生き方、仕事の態度、習慣は改めようという6項目に触れておく。

❶**「オンとオフの二分発想」は捨てる。**

30代と同様、寝ている以外の時間はすべて勉強だ。努力・勉強・節制あるのみ！

❷**雇われ感覚を捨てる。**

会社は自分を成長させる道具であると考え、徹底的に活用せよ。

❸**今の会社にしがみつく考えを捨てる。**

いつでも今の会社を辞められる実力をつけることで、会社と対等な生き方が可能になる。そういう人は、会社のほうが絶対に手放さない。

❹**「たぶん、大体」という言い方をやめる。**

ああ、あれはあの人の言葉だ、と記憶に残る個性的な言葉で話そう。また、常に正確な数字で話すと、話が短くてすむ。

❺**「忙しい」と言わない。**

仕事の準備、段取り、確認の能力がないと告白しているのと同じだからである。

❻**コントロールできないものにエネルギーを使わない。**

目標、人間関係、時間、欲望など、自分で変えられることに力を注いで結果を出す。

女にも男にも「惚れられる人間」になれ

最後に、合宿研修で若い社員から取材した「魅力的な40代」の条件を紹介しよう。実際はかなり厳しい意見も出たのだが、私なりに編集した。

❶日々、適度な緊張感を失わない（身も心も平和ボケしている人は嫌い）。

❷自分のポリシーを持ち、それを実行する気概を常に

持っている（夢がある）。

❸ 修羅場をくぐり抜けてきたプロ（**時には殺気すら感じさせる厳しさがあるが、プライベートでは人間味を感じさせる**）。

❹ 仕事ができると同時に、教養や趣味といった幅のある人生を感じさせる。

❺ 家事、余暇、買い物など仕事以外でも自立している（自分のライフスタイルを確立していて、かつ、それを堂々と語れる）。

❻ **時には自分のドジぶりを披露するカッコかわいい人**（「仕事は適度に手を抜け」などと不良っぽい発言もする実力と実績のある人）。

❼ **影響力がある**（中味を持っていても、外見、会話などで人を惹きつけるものがなければ影響力にはならない。引き締めたり、笑わせたりといった緩急が必要）。

これらの条件を満たしていれば、誰もが協力してくれること間違いない。

もう1つ言う！

自分の年齢や立場にあぐらをかく40代も少なくない。そんな堕落を防ぐために、次の４つのＨをいつも意識しよう。

ＨＥＡＤ……**フルに頭を使え**。／ＨＥＡＲＴ……**人間関係の達人になれ**。／ＨＡＮＤ……**40代でも人の技を盗め**。／ＨＥＡＬＴＨ……**しなやかな体を保て**。

守谷語録V

□ **勉強に遅すぎるということはない！**

□ 「無理をするな」とか「何もそこまでしなくても」といった世間の甘い言葉にだまされるな。攻撃型ビジネスのみが君の窮地を救うのだ。

□ **能力以上の荷を担げ。**

□ 今日を逃げていては明日は来ない。何事も小さな一歩の実行から始まる。あなたの人生、「小さな決心」1つで明日が約束される。

□ 人は真似をする手本があってこそ**成長**する。

□ 初めは**雑用のプロ**になる。これができなければ、大きな仕事など回ってこない。

□ **失敗は失敗でも、レベルの高い失敗**をせよ。

□ **今が人生の黄金時間だ**。今無理をしなくて、いつするのだ。
今無理をすればいい。無理して自分を変えることだ。今変わらなければ明日はない。

□ **自分の名前をブランド化せよ**。君自身の決め技を持て！
ブランドは長持ちするし、そのキャリアが人に感動を与えるものである。

□ 「**自分はこんなもんだ**」と悟り澄ましたら
成長は止まり、成功は幻になる。

□ 捨てる勇気、変える勇気を持つ。不安な考えは捨てて
新しいものに切り替えられる人になれ。

□「基本が大事」「凡事徹底」という初心に戻ることが、
新しい自分をスタートさせたい時に一番大切なことである。

□「やろう」「やらなければ」と
思った時が、何かを始めるベストタイミングだ。

□ 群れるな。平均的人間とつき合うな。孤独に徹して自己を磨け。他人と自分は違う存在である
ことを認識せよ。自分なりの生き方を自分なりに求めていく必死の努力が必要だ！

□ 本気でやればたいていのことができる。本気でやれば
なんでも面白い。本気でやれば誰かが助けてくれる。

□ 準備に命を懸けろ。一発成功精神でやれ！　人生にやり直しがあるなんて甘えてるんじゃない。**たった1回の失敗**が命取りになる。

□ 「わかった」「これでいい」と思い込んだ瞬間、人は進歩が止まる。「わかっていない」「まだ未熟だ」と思っている人は努力するので、進歩していく。

□ **努力で勝ち取った能力は一生涯通用する。**

□ どんなに準備しても「結果が出るか？」「力は養えたか？」と不安になる。この不安と緊張こそ精神の修羅場である！　不安との勝負に負けずに努力していけ。

第6章 君よ、さらにオトナの領域を目指せ。

どのようにすれば、懐の深いオトナのビジネスパーソンになっていけるのか？簡潔に言えば、「捨て方を覚えること」である。いわゆる選択と集中だ。

もちろん若い頃は、そんなことは夢にも考えてはいけないよ。なんにでも興味を持ち、あらゆることに取り組んで、期待値の120%でやり遂げてこそ成長するからだ。

新入社員の頃から「これってキャリアには役立たないよなぁ。手を抜こう」なんて選り好みをしているようでは、ズバリ見込みはない。

将来役立つか役立たないかなど誰にもわからないのに選り好みをするなど、未熟もいいところである。

どんな仕事にも真剣に取り組んでこそ、「あいつは使える」と評価され、引き立ててもらえるのだ。

ただし、仕事の全体像が見えてくるにつれ、また、年代によって、仕事の価値観に修正を加えるのは当然だ。

仕事には、生産性の高い仕事と、そうでもない仕事が、やはりある。優先順位がきちんとつけられないようでは、ステージに上がることはできないだろう。

また、たとえば20代が能力より体力がまさる年代だとすれば、30代は能力と体力のバランスが取れる年代、40代は体力より能力がまさってくる年代だと言えるかもしれない。50代以上ともなれば、マネジメント力とか決断力の要素が濃くなってくる。

そういう経年変化に無頓着(むとんちゃく)ではいけない。

よく言われる「20対80の法則」を活用しよう。100の仕事に追われていても、実は、本当に重要な仕事は20だけだ。その20に集中すれば、成果の8割が確保できる。

いつも100の仕事に追われて、部下指導や「20の重要な仕事」に集中できないようではストレスまみれになってしまう。自分のストレスコントロールができない人には、周囲はついてきてくれないのである。

人は年齢を重ねるにつれ、家族を背負ったり、部下が増えたり、経営責任を負ったりするようになる。自分を伸ばすことに夢中な時代を終え、周囲にエネルギーを注ぐことが求められ始めるのだ。だからこそワークライフバランスを考え、ゆとりを持つ工夫が大切になるのである。

オトナになるにつれて直面する問題はまだある。

1つ目は、部下への対応。

2つ目は、できる人ほど裸の王様になっていく危険。

3つ目は、人生を懸けた修羅場がやって来ることだ。

部下をビシッと育て、言葉力が繊細で気配り上手、体の鍛錬と自己改革を追求する人なら、モテて当然である。だが、ズバッと言いたいのは、「自分はモテる」と得意になってしまっては、身を誤るということだ。

また、裸の王様にならないためには、「悪い報告ほど早く」の大原則を貫くことが大切である。

人生を懸けた修羅場については、個人の選択と言うしかない。本章に書いた私の拙い経験を参考にしていただければ幸いだ。

会社は次々と困難を与えてくる。しかし、経済合理性の見地からして、会社は、その人が伸びていけないような困難は与えないと言えるのだ。あらゆる困難を、オトナになっていく絶好のステップだととらえようではないか。

48 しなくていいことはするな。本質的なことだけに集中せよ。

若いうちは増やし、大人になるにつれ減らす

人生には、しなくてもいいこと、持たなくてもいいものがいっぱいある。また、現代は氾濫の時代であり、食べ物やファッション、情報、イベントまで、何から何まであふれ返っている。その1つ1つに敏感に反応していては、身が持たないよ。思い切って**不必要なもの・ことは全部忘れ、全部捨てて、自分にとって本質的な最小限（ミニマム）なもの・ことに集中してみる**ことだ。若者は興味の範囲をグイグイ広げていくべきだが、大人になる過程では、そういった絞り込みも必要なんだと思う。

中国の古典『菜根譚（さいこんたん）』に、減らすことについてのこんな面白い一節がある。「**人生は、一分減らせば、一分自由になる**。遊び仲間が減れば、ゴタゴタが減る。ムダ口が減れば、うらみごとが減る。思案が減れば、気疲れが減る。小ざかしさが減れば、自然に帰れる。毎日**減らさないで増やそうとする者は、一生自分を縛るのだ**」ってね。

つまり、いろいろなもの・ことを減らせば減らすほど、いざこざやいさかい、過失も減るのだ。**よけいなことを考えなければ精神がすり減ることもなくなり、時間の有効活用もできる。**ついでに名声や肩書なんかも捨てれば、気持ちがぐ~んと軽くなるんだろうが、こればっかりは難しいようだ。

そこで、なかなか減らせない次の7つのCを対象に、やるべきことを絞り込んでコントロールしてはどうだろうか。コントロールという言葉には「あれをやってはダメ」「これもがまん」と抑制するイメージがあるかもしれない。だが、本当のコントロールとは、やりたい時、やるべき時に猛然と行動できるように、欲望や意欲を抑えることである。

どうでもいいもの・ことについては、たとえ食指が動いても、グッと我慢するか、後回しにする。そしてやるべきことにのみ集中するのである。

自分の態度をチェックする4項目

コントロールすべき7つのCを順に見ていこう。

❶時間（CLOCK）のコントロール

「時間と命には限りあり。されど、我が知には限りなし」という私の父親の言葉を前に紹介した（25項参照）が、学びたいこと（遊びたいことも含めよう）は山ほどあっても、時間と命には限りがあるのが現実だ。だから、今取り組んでいることについて、これが最善のものなのかどうか、

最善の時間の使い方をしているかどうかをチェックしてみる必要がある。

ちなみに国会中継を見ていると、アホ顔丸出しで居眠りをしている議員がよくいるが、時間のムダ遣いの典型である。税金のムダ遣いでもあり、まったく虫唾（むしず）が走るよ。

❷考え方（CONCEPT）のコントロール

自分の価値観や考え方が**独断的すぎないか、逆に常識的すぎないか**をチェックする。また、ネガティブ思考に偏ることはないか、あるいは周囲の意見や思惑を気にして自分の考えをハッキリと主張できなかったり、軽々しく他人の説に同調したりしていないかもチェックしよう。

❸目的（CAUSE）のコントロール

今取り組んでいること、取り組もうとしていることが、たとえば自分のキャリア形成上どうしても必要といった**明確な目的を持ったものなのか**をチェックする。たとえば、「この資格さえ取っておけば、老後の楽しい生活や、賃金が保証されますよ」式の軽薄な誘導言葉で欲に目がくらんでいないかといったことを再考するのだ。

❹関心事（CONCERN）のコントロール

今取り組んでいること、取り組もうとしていることが、**自分の内なる欲求に基づいているのか**、夢中になれる内容なのか、本当に関心のあることなのかどうかをチェックする。たとえば、誰かがMBAの資格取得講座に行ったから自分も行くといった追従はよくない。大人になるにつれ、本気で熱中できるものをいくつかに絞って、それをやり遂げていくようにするのがいい。

人との関係をチェックする3項目

❺接触（CONTACT）のコントロール

人間関係をチェックすることである。ビジネス人脈は量より質に置き換えるべきだ。**「人は出会った人の範囲で成長する」**という言葉もあるように、自分の周囲の人間集団を時には洗い直し、点検する必要がある。人脈づくりの要諦は、**「上（スキルも人間的レベルも自分より高い人）にならえ」**の精神でいく。「物事や生き方の原理原則を教えてくれる師」「いい悪いをハッキリ直言してくれる先輩ないし同僚」「第三者的な立場から客観的で公平な評価をしてくれる人」の3つの友人とは、長くしっかりとつき合う。

❻コミュニケーション（COMMUNICATION）のコントロール

話す、聞くのどちらかに偏っていないか、話

の内容によって好き嫌いの表情が顔に出たりしないかといったことをチェックする。コミュニケーションの媒体も考えよう。たとえば面談すべき内容をメールですませてばかりではいけないと思う。

❼約束（COMMITMENT）のコントロール

あれもこれもと安易に約束して、実行を伴わない空手形になっていないかをチェックする。いい人願望が強いとノーが言えずに全部引き受け、「やってみたんだけどね」と言い訳するようになるが、信頼を損ねるモトだ。事前にできるかできないかを予測し、できない場合は、その場で「できない」とハッキリと言うべきだ。

もう1つ言う!

仕事を正確、丁寧にやることは大切だが、**時間やコストを無視した完璧主義では困る。**「完璧にやりましたが納期に遅れました」「完璧な仕上がりですがコスト割れです」ではビジネスにならないのだ。

❶完璧にやろうとするから、どこから手をつけていいかわからなくなる。
❷完璧にやろうとするから、やることがやたらに増えてくる。
❸完璧にやろうとするから、仕上がりが気になって手が動かなくなる。

これらの傾向があれば反省し、「70点でよし」という考え方を取り入れよう。後は相手の反応を見てブラッシュアップすればいい。

49 ストレスから身を守るにはいい加減に働くこと。まあこのへんで……と居直る精神も必要。

「大人シフト」を始めよう

仕事量は増えても、人は減るのが今という時代である。人員削減や人手不足が進む現実に合わせて、働き方も、「**一生懸命に働く**」**から**、「**いい加減に働く**」**に頭を切り替える必要がある。**

会社には、大したことのない仕事や、どうでもいい仕事は存在しないが、その一方で、より価値が高い仕事、より貢献度の大きい仕事というのは存在する。だから、若いうちは与えられたあらゆる仕事に120%の力を注ぐべきだが、**大人になるにつれて肝心要**（かんじんかなめ）**の仕事のほうに時間や知恵の比重を置く**という「大人シフト」があっていい。

働き方も、「いい加減」を知る。もちろん、それは「**自分に合った加減を知る**」ということで、手の抜き方を知るなどということでは決してない。

働く人の8割以上がストレスや不安を感じているという統計もある。やみくもに働いて心身の不調に陥っては、元も子もない。あれもこれもやるべきだと考えて自分を追い詰める「べき思考」はやめよう。自分に厳しすぎて加点をしてあげられない「減点思考」も捨てる。100点か0点かでしか仕事を評価できない極端な「白黒思考」もダメである。

「まあ、このあたりでいいか」といった開き直りの精神が、時に必要なのだ。

2015年に起きた電通女性社員Tさんの過労自殺に対し、いまだに胸が張り裂ける思いになることがある。あんなことがあっていいはずがない。上司の側の責任はあまりに重い。

20対80の法則で力をセーブする

現代では、働く人は自分の身を自分で守る知恵が必要ということだ。そのために「肝心要の仕事をきちんと押さえ、自分に合った加減で仕事をする」のである。

「20%の仕事で、残りの80%はカバーできる」と言われる。「20対80の法則」だ。たとえば、「会社の総売上の80%は、全商品の中の売れ筋20%によるもの」とか「会議の出席者の2割の人の発言が、全発言の8割以上を占める」といった具合だ。

この法則を自分の仕事にも応用できないだろうか? たくさんある仕事のうち、本当に重要なものは20%程度しかないと考えてみるのだ。そのためには、次のような考え方と行動が必要である。

❶「キチント感」優先をぶち破れ。

ストレスから身を守るにはいい加減に働くこと。
まあこのへんで……と居直る精神も必要。

「用意周到、準備万端！」「仕事は整理整頓し分類してから進める」「机上がきれいな人ほど仕事ができる人」といった「キチント感」伝説を破壊する。「出しっ放しのほうが使いやすいものもある」「整理整頓が仕事の能率を上げるとは限らない。内容別にひとかたまりにしておき、必要な時に取り出せばいい」などと発想してみよう。

❷不要になったら捨てる。

なんでもかんでもＩＴ機器でデータ管理する時間のムダに気づく。紙はアナログという発想を捨てて適宜メモを使い、不要になったら捨てることだ。

❸過剰をやめる。

過剰品質、過剰チェック、過剰適応（やりすぎ、凝りすぎ）はみんなムダである。

❹外注をうまく使う。

重要でも緊急でもない定例業務などは、外注したほうが安くつく。

❺仕事の優先順位はスキル別に。

「読む」「書く」の類は、頭がクリアな朝一番にする。ファイル整理などの雑用は気にしない。

いつ片づけるかが頭に入っていればいい。メール処理も朝一番にやるのはもったいない。誰にも邪魔されない時間帯に一気に片づける。

ストレスをこまめに取る8つの方法

ストレスは日頃の疲れを溜めてしまうところに原因がある。そこで、疲れたと思ったら、以下のようなことをやってみてはどうだろう。

❶**頭、理性、感情を適度に解放する**（音楽を聞いたり、自由におしゃべりをしてみる）。
❷**何も考えずにボケッと過ごす**（やがて心のエネルギーが充電されてくる）。
❸**引きずることは時間のムダと考える**（好きなこと、楽しいことに熱中する）。
❹**起床時間を一定にする**（一般のビジネスマンなら、まずは太陽の光を浴びる）。
❺**いいペースを思い出してみる**（うまくいった時の状態にリセットする）。
❻**散歩をするなど体を動かす**（体と心は連動する）。
❼**会社の人間以外の人と話す**（会社の価値観から離れ、他社や異業種の友人と話し、自分の環境とを対比してみる）。
❽**仕事が大変な時は周りの人に「助けてくれないか」と頼む**（大声で叫んでもいい）。

ストレスから身を守るにはいい加減に働くこと。
まあこのへんで……と居直る精神も必要。

いずれにしても、自分の身を自分で守るためには、1日も早く自分に合った加減を見つけ、「いい加減に働く」ことだ、と繰り返しておくよ。

もう1つ言う!

時間に追われるとストレスはさらに高まる。次のように時間を有効活用して、ストレス軽減を図ってほしいものだ。

❶**見つける**……こまぎれ時間を探し、その有効活用を重ねていく。
❷**削る**……ムダや過剰な作業、動作、考えなどをどんどん排除する。
❸**創る**……物事を並行処理することによって時間の倍増を心がける。

50 生産性を上げよ。仕事は少なく働いて多く稼ぐゲームでもある。

ワークライフバランスってどんなバランス?

「ワークライフバランス」という言葉があるが、これは残業をしないで早く帰ろうといった単純なことではない。プライベートな時間が増えても、ただテレビをダラダラ見たり、ネットサーフィンばかりやっていたのでは、充実した人生にはならない。

ワークライフバランスとは、仕事と、仕事以外の活動（家族の団欒、趣味やスポーツ、地域の活動、友人との情報交換、仕事に直接関係しない読書や勉強など）とのバランスが、最も快適な状態で保たれていることを言う。

だから、**極端に言えば仕事時間が8割でプライベート時間が2割でも、本人や家族が満足し、充実していればなんら問題はない**。その比率は価値観によって変わる。また、年齢や家族関係（既婚か独身か、子供の有無、親の介護の有無、家事の分担度合いなど）によっても大きく変わってくる。

たとえば同じ30代男性でも、共働きの奥さんと子供3人の核家族ならば、定時に帰宅して家事を担当する必要があるだろう。そういう人は、たとえばリッチな親と暮らす独身30代男性よりも、猛烈なスピードと集中力で仕事をやり遂げ、スケジュール管理もしっかりやっている可能性が高い。つまり、**ワークライフバランスを実現するために仕事の生産性が自然と高くなっている**のだ。「仕事のできる人ほど、私生活も充実している」と言われるのは、こんなところにも理由があるんだろう。

ただ、誤解を恐れずに言えば、20代のうちは仕事が9割の生活でもいいと思う。会社で十分な貢献ができず、成果を上げていない奴に限って「プライベートが大事」と声高に叫ぶ傾向があるが、それは逃避行動の一種だと思う。**仕事で実績を出し、会社に評価されていなければ、プライベートも楽しくないだろう**。仕事で成果を上げているという安心感があってこそ、プライベートを存分に楽しむことができるんだ。

かく言う私は、オン、オフなんて関係ねぇというタイプ。寝ている時間以外は常に勉強だ。それでも決して疲れない肉体と精神をつくっている。これが自分の仕事のやり方だし、人生だと信じ切っている。まあ、誰にでも勧められることではないけどね。

「忙しい」が口癖の人の4つの行動悪癖

30代、40代……となるにつれ、残業しないで定時に帰る日が増えたほうがいい。疲れも取れるし、家族がいる人は家族とのコミュニケーションも密になる。本も読めるし、趣味にも熱中できる。明日はまた仕事を頑張ろうという気になる。

この理想を実現させるには、仕事を見直し、成果と関係ない仕事をやめることだ。**「仕事はいかに少なく働いて多くのお金を稼げるかというゲームだ」**と考えてみてはどうだろう。ゲームであれば、頭や知恵を使い、かつ面白おかしくやろうと思うはずだ。仕事観が「牢働（ろうどう）＝やらされる、つらい、苦しい」から「朗働（ろうどう）＝やる、楽しい、面白い」になっていくに違いない。

時間をかければいい仕事ができると思い込んでいる人は時間生産性の意識が低いだけだ。そういう意識の低さはキッパリと改めるべきである。そもそも、「忙しい」が口癖の人の仕事ぶりを見てみると、４つのよからぬ癖があることに気づく。

❶ダラダラ癖

「終わらなければ残業すればいい」と思うから、時間内に仕事を終わらせられないのだ。時間は有限であるという意識を持ち、**今日は絶対に定時に帰る！　と決めてこそ仕事に緊張感とスピードが生まれる。**

❷抱え込み癖

過剰な責任感や能力過信などによって、仕事を人に任せることができず、自分で抱え込んでしまう。その結果、常に時間不足に陥る。**自分がやるべきことと、人に任せていいことをハッキリ分ける**ことだ。

❸先送り癖

「苦手な仕事だから」「締め切りまで時間があるから」などと仕事を先送りし、結局ギリギリになって粗い仕事になってしまう。まず**仕事の全容を確認し、優先順位をつけてから着手する**必要がある。

❹ 完璧癖（48項で触れたから省略）

これら4つの悪癖を直してこそ、定時に帰れる日が増えるのだ。

ムダ取りで効率はすぐアップする

次に業務のスピードアップに必要なことをお伝えしよう。方法はたった1つ。業務の簡素化だ。つまりムダを省くということ。

こんな話がある。ある会社で月2回、6部署合同の会議があり、議事録を社員A君が作成、配付していた。ある時、A君は議事録の必要性に疑問を感じ、上司と相談して配付を止めてみた。すると「議事録はどうした？」と問い合わせてきたのは、1部署だったという。大半の部署には必要がなかったのだ。会議自体も不要なのでは？　と思わせる話だ。

このように、ムダな仕事は気づいていないだけで、実際は結構ある。それを排除するだけで驚くほど業務が簡素化できる。

まずは次の2つを自問自答しよう。

❶この業務の目的は何か？

❷本当に成果に直結する業務なのか？

答えが見つからない業務はすべてやめてしまえばいい。答えがある場合も、さらにこんなことを追求してみる。

「一部をやめることはできないか」「減らせないか」「人の力を借りられないか」「標準化できないか」「やり方を変えられないか」などだ。

効率を上げようとするよりも、やることを減らすほうが大事。極端に言えば、「仕事は何をしないかがポイント」ということだ。

もう1つ言う！

業務を減らすためには、次のように「忘れる」ことも大事だよ。

❶叱責の感情的な部分は忘れていい（理性的な部分だけ受容する）

❷誰を怒らせたかは忘れていい（なぜ怒らせたのかという原因だけ改める）

❸上司の不快な言動は忘れていい（自分が他人に与えた不快感は反省する）

❹自分で変えられないことは忘れていい（自分で変えられることに注力する）

このように単純明快に区別すると、気が楽になってストレスも減るだろう。

51 諫言を歓迎し、甘言は疑え。報・連・相は常に「悪い情報ほど早く」。

見るべきは正常値よりも異常値

「報告・連絡・相談」という基本的動作は、ビジネスパーソンなら誰もが知っている。怠ると上司と部下のコミュニケーションが断たれ、仕事に悪影響を及ぼすことも常識だ。

だが最近では、会社が消費者への報告を怠って大問題になる異常な例が目につく。不正なデータや虚偽の報告で会社の信用が失墜したり、トップが引責辞任したという報道も多い。報告、特に悪い報告を隠蔽すると、大変な結果を招くのだ。

私は**「悪い報告ほど早く」というビジネスの基本厳守**を口をすっぱくして言ってきたが、なぜ、それが大会社や先進企業でできないのだろうか。

マイナス情報がきちんとトップに伝わらないのは、管理職や経営幹部が、隠したり、歪曲したりしたからだと推測される。

健康管理のテレビ番組で、ある医師の語った言葉が印象的だった。「私は正常値には興味がない。正常だから安心しなさい、と言えば喜ばれるかもしれないが、**医者の使命は異常値を発見することだと思う。そして、それと徹底的に闘うことが大事なのです**」と。

管理職や経営幹部に置き換えても同じことが言えると思う。いい数字はありがたいが、要するにそれだけのことだ。異常値をどう発見するかが管理職や幹部の大事な仕事である。

ところが、どうも組織は、異常値を抹消してしまう体質を持っているようなのだ。末端で問題が発生しても、トップに上がる過程で情報が浄化されてしまう。逆に、いい情報は、放っておいても増幅しながらどんどん上がっていく。

だからこそ、トップは、**諫言は歓迎し、甘言には疑いの目を持つことが必要**なのだ。

これは部署単位でも言える。甘言を歓迎する上司の下では、部下はイエスマンの茶坊主になりやすい。悪い報告ほど早く伝えることが基本動作であるとわかっていながら、快い報告だけ選んで伝えるようになってしまう。

情報は操作できる

悪い報告が知らされないと、トップは「裸の王様」になる。自分や会社が置かれている状況について客観的な認識がないままに、砂上の楼閣で毎日を過ごすことになり、破局がある日突然やってくる。その場に臨んで、「なぜ言ってくれなかったのだ」と部下を責めても手遅れだ。トップ自身が甘言を好むことで、「良薬は口に苦し」的な情報をシャットアウトしていたからである。

私はサラリーマン時代の一時期、社長室に籍を置いた。当時は生産性向上の一環として、トップ主導によるQC（品質管理）サークル運動（広い意味での作業改善活動）を展開しており、全7事業所が成果を競っていた。私はそのトップだった副社長に「現場を突然訪問して、ご自分の目と耳でラインの現状、工場の整理整頓、QC活動に取り組む社員の表情を感じ取って下さい。ライン長によるいい情報は値引きして聞きましょう。**数字はいくらでも操作できるんですから**」と幾度となく直言したものだ。副社長を裸の王様にしてはいけないと考えたからだった。

裸の王様をつくらないために

裸の王様をつくらないために、報・連・相をはばむ5つの誤りを指摘しておこう。

❶報・連・相をする人の誤り

問題が起きた（または起きそうな）時、責任を逃れる（または周囲に心配させない）ために、問題を自分だけで解決しようとする（または先送りしてしまう）ことがある。**問題を先送りすると、日が経つにつれて問題が大きくなったり蓄積したりして、解決が難しくなる**。どんな小さなことでも、「即時・即座・即応」の態度で対応することが大切だ。

❷報・連・相を受ける人の誤り

普段は「悪い報告ほど早く」と言っている人が、実際に悪い報告を受けた途端に不機嫌になり、報告者を怒鳴ったり叱責したりすることがある。すると周りの人は悪い報告を避けるようになり、その人は裸の王様となる。部下が**悪い報告をしたら、にっこり笑って「悪い報告ほど早くという基本動作を守ってくれたね、ありがとう」**と言うべきだ。部下の心の重荷を下ろしてやるのである。

❸ 縄張り意識の誤り

部門、課、チームなどの内部では誰でも知ることができる情報なのに、それが必要な他の組織には伝わりにくいことがある。自分たちの部署さえうまくいけばいいという意識を捨て、**部分最適は必ずしも全体最適ではない**と知るべきだ。

❹ 情報の利用者を知っていると思い込む誤り

大組織では、トップであっても、日々刻々と変化するすべてのことを掌握することは不可能に近い。したがって、管理職や幹部は、誰がどう活かすかはわからなくても、できるだけ早く、広い範囲（社内全体）に情報を伝え、共有化しておくことが肝要だ。

❺「恥を世間にさらすな」という誤り

事故や不祥事を世間に知られまいと情報を隠すのは、再発防止という観点から考えただけでも、好ましい方

法ではない。苦情やクレームといったマイナス情報を早く積極的に集め、**事故や不祥事の経緯を関係者が把握してトップの手元に早く正確に届ける「マイナス情報の集音装置」**を構築することが肝心だと思う。それが「転ばぬ先の杖」となる。

甘言に酔い、諫言を遠ざけるような上役が大手を振って闊歩(かっぽ)しているような会社では、質のいい有能な社員はみな辞めていく。残った社員は、質のよくないイエスマンばかりになってしまう。

もう1つ言う!

もし君の会社が不祥事を隠していることを知ったら、君は辞表を叩きつけるだろうか。社内に留まって内部告発をするだろうか。あるいは、目をつぶるだろうか。いずれにしても胃がキリキリする思いだろう。「目上の人の非を正すことが真の忠義」とは、教育家・新渡戸稲造の世界的ベストセラー『武士道』の一節だ。**武士の忠義とは、藩主に主君としての適性がなかったら、座敷牢に押し込めて別の主君を擁立するほど激しいもの**だったという。封建制の時代に、それは命懸けの行動だったに違いない。

やはり、目をつぶるのは最もいけないのだ。やがて不祥事を隠すことに対する感覚が麻痺してしまう。私たちは企業人であると同時に、社会的良識を持った市民でもある。君よ、批判すべき時には批判する勇気を忘れるな！と言っておきたい。

52 「実力格差が収入格差」。格差なんてあって当たり前。

給料アップのための第一は、給料とは何かを知ること

ビジネスパーソン諸氏が、何気なく口にする言葉に、「給料が安くって」「会社がコスト意識を持てとうるさくて」などなどがある。でも、この言葉、愚痴である限り、何の問題解決にもならない。ここは知恵を絞って、社内で稼げる方法はないかについて考えてみよう。

私の提案する給料アップの具体策は次の7項目である。

その前に**給料は「会社に保障されるもの」ではなく、「自分の力で獲得するもの」と頭を切り替えることだ（これって常識中の常識だ）**。

今の時代、普通に働いていても「課長になれば年収1000万円に簡単に手が届く」というのは、夢のまた夢。今までは右肩上がりの給料を前提に、住宅ローンや生命保険や子供の教育資金の問題や年金制度などが組み立てられていた。つまり、企業に依存した働き方で、誰もが普通に幸せな家庭を築くことが可能だった。

しかし、前提が変わった以上、働き方もキャリアの作り方も、お手本となる存在のロールモデルも、新しい前提に応じて変えなくてはならない。もう企業が個人に手厚いキャリアを約束できる時代ではない。

❶会社の給与制度&評価制度を再確認すること。

会社員の場合、給料がどのようなステップで上がるかは、就業規則などで定められているはずなのに、こうした基本情報を知らない人が多い。「給料を上げて」と言う前に、現状を正確に知る、把握することから始めたい（実績、現有能力、態度、意欲、マナーのどこがどう評価されるのか）。

自分の価値を知れ！

❷上司の評価のポイントを知ること。

会社の人事評価システムで、良い評価をもらうにはどうしたらよいか？　上司の評価ポイントは何かを把握すること（これを知らない人は論外）。たとえば、時間にルーズなのを嫌がる上司の下でいくら営業成績を上げても、遅刻が多ければマイナス評価になりかねない。普段から上司の言動や行動をよく観察して、上司の好みに合った仕事ぶりをアピールすべし。ある会社では給与の3倍以上の利益を上げなければ評価されないということだ。

❸三ナシ社員から抜け出せ。

40歳前後の人で、売りナシ（売れるスキルがない）、箔（はく）ナシ（ピカリと輝く業績がない）、引きナシ（人望なし）の三ナシ社員では、給料アップは望めない。できれば40歳前後で「できる黒字社員」という評判を高めておきたいものだ。

❹人がやらないことに挑戦してみること。

給料を上げるには、人と同じことをしていてはダメ。自分の強みを2つ持てば、希少価値の人間として評価が高まる。例えば、英語とITスキル。社会保険労務士と中小企業診断士。カラーコーディネーターとインテリアコーディネーターといったふうにダブルライセンスを持っていれば強力な武器になり、転職時もよい年収で交渉できる。つまり、「人との違いを明確にする差別化」である。要は知恵を絞りながら新しいことに積極的に挑戦していくことだ。

❺社長に自分の存在をアピールすること。

会社員にとって、収入アップは出世ともリンクする。自分を引き上げてくれる人が誰かを見極めることも大切。そのためには社長に「こんな問題意識を持った社員がいたんだ」との印象を持ってもらうことだ。たとえば、社内報に寄稿した社長の文章に感動した旨の感想文（何について具体的事実を列挙して）を書面（メールより効果的）で自宅に送るのも一つの方法だ。その際、

「今、自分はこんなことに挑戦しています。」といったことをさりげなくアピールしておくことだ。

❻ **一味違う仕事ぶりをアピールすること。**

会社によっては、人事考課の面接で提出する「面談シート」がある。特に書くことがないからとスカスカで提出するようではもったいない。A君（商社勤務、28歳）は**毎月1回、①自ら問題点を見つけ、上司に進言し、指示を仰いだ回数　②自ら問題点の解決方法を見つけ、処理を考えて承認を得た回数　③自ら問題点を自主的に処理し、事後承諾を求めた回数など、3項目につき、「自分の行動記録ノート」に記入し、上司とのコミュニケーションをとる際に、「何かアドバイスをいただけますか？」とノートの内容を話し、自己の働き方をアピールしている。**

この積極性は、上司も大いに評価していると言う。自分の仕事の成果は自分で発信しないと、周囲は気づいてくれない。部下の優れている点を「見ぬふり」をする意地の悪い上司だっているのだから。

❼ **自分の市場価値を調べること。**

成果は上げているのに評価が低いままで、給料も上がらないのなら、給料が妥当なのか調べよう。転職情報サイトをチェックしたり、転職エージェントに登録したりして、転職した際にもらえる年収を調べてみる。提示された年収が現在より高ければ、人事考課の面接の時に、上司に直談判してみる余地はある。ただし、実績も上げておらず、上司の評価もイマイチな人間がこれをやれば笑い者になるので注意しよう！　もちろん、これ以外にも、副業や兼業で金銭を稼ぐ人もいるだろう。会社によっては自分の会社の成長に目を向けた副業は応援するが、単純なバイト副業はＮＯを出す会社もある。

コスト意識の低い人は出世できない

とは言ってみても、自分の給料以外のお金に無頓着（むとんちゃく）な人がいることも確かだ。**自分の生活がどのくらい会社の経費で支えられているかを反省してみてもバチは当たらない。たとえば、自分の時間当たりのコストに敏感になることも必要だ。**誰だって「タイム・イズ・マネー」ということを十分に叩きこまれているはず。それにもかかわらず、時間のムダ遣いをしている人が、どこの職場にもいる。

勤務時間中にボーッとしている間にも、人件費というコストは発生し続けているという事実を忘れてはならない。月給以外にも、年２回の賞与があったり、通勤交通費をもらったり、退職金も企業によって額に差はあっても支払われるだろう。また、社会保険などは自己負担分しか意識にないかもしれないが、「法定福利費」として会社負担分もあるのだ。これらはすべて人件費というコスト、そこで働く自分にかかるコストなのだ（社員にかかるコストは固定費であり、売上が落ちても給料は払うしかない会社にとっては命懸けの費用なのだ）。

たとえば、コスト意識を身につけるということについて、N交通公社に勤務しておられたO氏の「個人収支表」実践がユニークだ。自分の給料や業務上の活動諸経費などを計算し、自分に支払われた会社の金と、会社に自分がもたらした利益を計算して、年度収支を立てる。会社にもたらした額は、販売額の粗利を3割、その1割を〝パテント料〟として算出する。１８００時間労働で、給料や諸経費など、自分にかかる金額は１８００万円になると言う。それ以上の利益を会社にもたらすように仕事をしなければならないというわけだ。

こうしたコスト意識を持たずに働ける職場は、将来なくなってしまうかもしれない。だからこそ、**会社をバックに個人事業するぐらいの意識が必要になるのだと思う（企業の寿命は30年とも言われる）。要は、社員の一人ひとりが「1円でも多く！」という利益への執着を持っていないと、とても実益を生み出す組織は作れない。要は利益を食いつぶす社員、何の成果も生み出さずに長時間労働を誇る「自称黒字社員」などは、一刻も早く会社を去れ！　ということだ。**

あなたの実力は金になるか？

最後は「**実力格差が収入格差になる**」ということについてだ。その傾向は、新入社員から始まっている。

たとえば、新入社員の給与に差をつける企業が増えてきた。

また、他企業でも、入社後も実績や評価に応じて、待遇も変動する。つまり、今や入社1年目から実力主義を徹底するところが増えてきた。幹部候補の判断も早くなってきて、社歴5〜6年目には、選抜者とそれ以外に分けられる場合もある。30代になってある程度仕事を任される前に、すでに将来が決定してしまう。

社内で上位グループ、中間、それ以下とキャリアの階層が生まれていく。頑張ってその格差を逆転することは、相当に困難と言っていい。今後、昇進の機会はますます減ってくる。

また、昔の横並びと違って、同じポスト同士でも、パフォーマンスによって数百万単位で収入格差がつけられると思う。

君よ、その他大勢から抜け出せ！　**自分の生み出した付加価値が会社の業績にリンクしていることを堂々とアピールせよ！　実力主義は収入格差であることを再確認しよう。**

もう1つ言う！

現代は、資格よりもスピードに価値がある。資格を取ることに固執するより、現場でどんどん仕事をこなして実務経験を蓄えていくことがよりリターンの大きい自己投資になる。

53 すごい本！

全ページが付箋で埋まった一冊

すごい本に出合った。昨年の11月、ぶらり書店を散策中、私は一冊の本の前で棒立ちになった。まず、本のタイトルと表紙の著者の顔写真に興味津々。心を奪われたからである。圧倒されたと言ってもよい。**その本は『読書という荒野』（幻冬舎文庫）。著者は幻冬舎の社長である見城徹氏である。**

まず、表紙の見城氏の顔写真に驚愕した。短髪に眼光鋭く精悍（せいかん）な顔つき、肩から胸にかけての筋肉は見事なまでに鍛え上げられ、胸も割れ、たくましくエネルギッシュな男（著者）が「お前ら、いい加減に読んだら、ぶっ倒すぞ」とボクサーのファイティングポーズをとる。**中途半端な本読み（私）がガタガタ・ブルブルと震えてしまうような「腹を据えた」男の覚悟が伝わってくる。**見城氏は、70歳でリングに立つことが夢だというが、夢が夢でないという雰囲気すら感じる（ホセ・トーレス『カシアス・クレイ』を読んで以来、ボクシングに魅せられたそうだ）。

私は読書する際、毎度の習慣で、共感したところ、教えられたところ、反省したところに付箋を貼るのだが、全ページ、ほとんどが付箋で埋まってしまった。過去にこんな経験をしたことはなかった。

本書は、見城氏自身が編集者という立場から、人との出会いを通して感じ、考えたことをはじめ、いくつかの企業を経験し、幻冬舎を立ち上げるまでの「苦悶」多き人生について、時に「煩悶懊悩」（思い悩んで苦しみもだえる）しながらも、死力を尽くして取り組んできた、「勇気凛々」（失敗や危険を顧みず、勇敢に立ち向かうという気力に満ちている）の男の人生論なのである。

「生涯において、繰り返し読める一冊の本を持ち得る人は、しあわせな人である。そして、そういう本を何冊か持ち得る人は、至福の人である」（モンテルラン）。**私にとって見城徹氏の作品『読書という荒野』は、人生にとっての一冊であり、「鼓舞激励」を与えてくれる一冊なのである。**今改めて、気づきをいただいた箇所を提示させていただき、私自身の人生の反省の縁（何か事をする上で頼りや手助けとなるもの）としたい。

勇気をくれた言葉

❶「自己検証、自己嫌悪、自己否定の三つがなければ、人間は進歩しない」→自己検証とは、自分の思考や行動を客観的に見直し、修正すること。自己嫌悪とは、自意識過剰さや自己顕示欲を

恥じ、自分の狡さや狭量さ、怠惰さに苛立つこと。そして自己否定とは、自己満足を排し、成長していない自分や、自分が拠って立つ場所を否定し、新たな自分を手に入れることだ。（同書P8）

私は講師稼業を45年以上続けているが、大満足で万々歳の日など滅多にない。84歳の今でも、自分の未熟さを思い知らされている。「これでいいはずがない／人よりほんの少しよけいの苦労と人よりほんの少しよけいの努力／人間ちょっとの差をバカにしてはいけない 能力の差は小さいが努力の差は大きい／凝れば成る！」。これが私の人生のビジョンである。見城氏のご指摘の通り、これで満足と思ったら、人生終わりだからだ。幸か不幸か、未だ「緊張感」や「不安」でいっぱいの私である。

❷「圧倒的努力をしろ」→人が寝ているときに眠らないこと。人が休んでいるときに休まないこと。どこから始めていいかわからない、手がつけられないくらい膨大な仕事を一つひとつ片付けて全部やり切ること。それが圧倒的努力だ。努力は、圧倒的になって初めて意味がある。（同書P94）

見城氏のいわゆる圧倒的な努力には到底及ばないが、私も20代の一時期、仕事にハマり、熱中し没入していた時があった。あえて時代錯誤と叱責を受けるのを覚悟の上で、昭和生まれのアナログ人間の仕事ぶりを紹介させていただく。

当時の私の仕事は『道標』という二色刷りの週刊社内報編集であった。幹部から「若い社員（当時の社員の平均年齢は20歳）の人間形成に役立つ内容を」という目的だけを示され、以後アドバイスは一切ない。編集ビジョンの決定から具体的な毎号の企画はもちろん、取材、インタビューの準備、撮影、レイアウト、校正などすべてを私一人でやらねばならなかった（パソコンなどの情報機器もない時代）。上司から「月刊じゃなくて週刊だと？　できるのか。精神的にも肉体的にも耐えられるのか？」と質問されて「私一人ですべてやってみせます」と大見得を切った以上、弱音は吐けない。給料の大半を書籍費にあて、若い人の意識に関する文献や古今東西の格言集、人生論をしこたま購入し、読み漁り、また、現場の人の声を聞くなど、毎週追われるような気持ちで息つく暇もなかった。

しかし、4年目の秋、私のパワーにも少しずつ翳りが見え、一ヵ月間の入院生活を余儀なくされた。過労から胃腸と肝臓がダウン、吐血してしまったのだ。当時、私の頭にあったのは「人が2倍勉強したら自分は3倍、人が3倍やったら自分は4倍やる（入社は96人中96番というビリ採用だったため）。この気持ちがなければ俺のサラリーマン人生は終わってしまう」という危機意識であった。徹夜が一ヵ月近く続くと体はしんどかったが、仕事の主人公になろうと懸命に頑張った後の疲れには爽やかさがあった。疲労のかぐわしさを味わうことができた。「この仕事は自分の個性で仕上げてゆくもの。誰にも手渡せない」と思いつめて夢中で働いていた。

人生の一時期、圧倒的な努力をし、仕事に熱中、夢中になって没入するということも必要ではないか。

❸編集者の武器はただ一つ、「言葉」だけだ。言葉によって作家を口説き、心を揺さぶり、圧倒的な熱量の作品を引き出す。多くの経営者やビジネスパーソンにとっても、言葉が武器であることは変わりないだろう。正しい言葉を使えない人には、部下を率いることも、営業成績を上げることも、商談をまとめることも不可能だ。（同書　P9）

見城氏のような言葉の専門家でさえ、ご苦労が多いわけだから、私のようなド素人が相手に伝わるように表現をすることは至難の業である。「どこかで聞いたことのある言葉だ」と受け取られるような一般論や常識論を振りかざしても、誰も振り向いてはくれないし、響くわけがない。自分の経験に基づいた話や、オリジナルの言葉であってこそ影響力を与えられるものと実感している。

私は見城氏のご著書から、勇気凜々、心躍るたくさんのお言葉を頂戴したわけだが、なかでも胸に刻むべきと肝に銘じたのは、仕事や人間関係で苦しい立場に置かれても、決して逃げてはいけないということだ。相撲用語によく使われる「押さば押せ、引かば押せ」ではないが、「いい知恵は攻めの中から湧いてくる」ということである。

いくら考えていても、机の上で考えたことは、実地にいくと狂ってくる。実地・実践の中から生まれた知恵こそ本物だ。本物の知恵を身につけていけば、必ず勝てる。そのためには、押して、攻めての圧倒的な努力をせよ、ということだ。

もう1つ言う!

人に温かく、自分を厳しく律し、柔軟で芯のブレない仕事人。そんな人を周りは放っておかない。

54 世間常識より約束を重んじろ。不器用な自己を貫いて黙々と生きよ。

小さな約束を守らないと、大きな財産を失うことになる

その日、私は父の葬儀に参列せず、無念の涙をこらえて合宿研修の講師を務めていた。もう30年以上も前の話だ。

通常の教育研修なら日程変更ができたかもしれない。しかし、半年前から予定されていた全国から参集する集合教育とあっては、いかんともしがたかった。病院で父の死を確認し、長年両親の世話をしてくれていた姉夫婦の自宅に遺体を運び、死に水を取った。葬儀は姉夫婦の好意に甘え、後は家内に任せることにした。

これが姉夫婦との絶縁という最悪の事態を招くことになった。姉も義兄も地方公務員の堅物であり、私の葬儀不参加を激怒し、決して許さなかったのだ。親戚縁者からも「親が死んでも仕事を優先させるなんて、世間の常識に反する」「親が死んで悲しくないのか。仕事など、いくらでも都合がつくだろう」など、情け容赦のない集中砲火を浴びた。

冗談じゃない。家内とともども私の数少ない理解者であった父の死が、悲しくないわけがない。私は自分の悲しみや世間の常識より、**父との約束を優先したのだ。**

父は80歳をすぎた時、脳血栓の手術を受けて入院した。見舞いに行くたびに、私はこう言われた。

「俺が死んでも、お前は仕事を優先させるんだ。**葬式なんかに出ている暇があったら、人の前に立って一生懸命、恥をかけ。**いいな、葬式なんかにのこのこ出てくるんじゃないぞ。お前の人生にそんな暇があってはいけないんだ。**周りの常識的な声に耳を傾けるな。一つ選んだ仕事に命を懸けて取り組め**」

そんな檄（げき）とも取れる声がだんだん小さくなり、聞き取りにくくなって、2週間後に父は他界した。

80歳の執念

父との思い出をもう少し書く。明治生まれで、**強烈かつ頑固に、「お前は俺の息子」式の人間関係を強いてくる過保護親父**だった。たとえば独立した35歳の頃は、毎週日曜早朝6時30分に「近況を知らせろ」と定期的に電話をかけてきた。ありがたいと感謝しつつも、「いい加減放っといてくれ。子供じゃないんだ」と迷惑も感じたものだ。

父親は当時76歳。役人人生を全うした後、私立高校連盟で私立校の復興支援などに尽力していた。役人時代は上司にストレートに意見具申するなど野党精神旺盛で、出世とは無縁だった。結核の再発で入退院を繰り返したこともあり、係長止まりだった。

また、若い頃からのライフワークであった日本や中国の古典研究に没頭し、感想などを雑誌に寄稿していた。それに似たり寄ったりの道を私が選んだこともあって、過保護の愛情（!?）の炎はますます燃えさかることになった。

毎度毎度こう言っていた。「いいか、**独立したら体が資本だ**。無茶しちゃいかんぞ。体に気をつけい」「今度の新刊はあっさりしすぎていて、古典を読んだという形跡がないな。**底が割れてしまうぞ**」「新刊の書評はきちんと保管し、**書評してくれた方にはお礼の手紙を書いておけよ**」「だんだん内容が似てきたな。**新しさを出さないと落ちこぼれるぞ**」。

さらに、脳血栓の手術後で視力は片目だけの状態になっても、こう言って、私の原稿の清書を買って出る始末だった。「お前の汚い字では編集の人に迷惑をかけるだろうから、俺のところへ原稿を送れ。清書ぐらいしてやるぞ」と。

医師は当然却下。父はそれでも一歩も譲らず、医師に「命の保証はしませんから」と最後通告をされつつ、病院のベッドの横の小さな机で、蛍光灯の光を頼りに万年筆を握って、私の原稿の清書をやってのけた。その量たるや、一ヵ月に４００字詰原稿用紙で８００枚を超えることもあった。

父の書く文字は、原稿用紙のマス目にきちんと収まるものはほとんどなく、大きくとてつもなく濃い文字と、小さく薄くて読み取れない文字などが入り交じって、およそ清書の体(てい)をなしていなかった。しかし、そのひと文字ひと文字には、**「いい加減に扱ってくれるなよ」という父の厳しい形相と、鬼気迫る執念が感じ取れた。**

私は「自分でやるから、もういいよ」と見舞いのたびに断ったのだが、「俺の生き甲斐を奪うのか」の一点張りで聞く耳を持たなかった。親父よ、目の痛みも激しかっただろうに……ありがとう。

自らが燃えてこそ光がもたらされる

父の愛読書に『言志四録（げんししろく）』があった。私が猛烈に多忙になっても、まったくおかまいなく、「読め」「ここは読め」という一節を書写し、感想を添えて送ってくれた。それは、ほぼ強制に近い「読め」であった。

たとえば、「立志の功は、恥を知るを以て要と為す」についての父の感想はこうだった。「『志』とは、自分の思い描く理想像である。それに対する実効的情熱が『憤』である。この憤が強ければ強いほど、かえりみて現実の自己の足りなさ、低さにおののく。これが『恥』である。ところが、志の立たない者、志の低い者には、この恥じ入る気持ちがない。俺はこれでよいのだとうぬぼれてしまう。この恥を知らないことこそが、実は最大の恥なのである。一斎（いっさい）はまた『恥を知れば即（すなわ）ち恥無し』と言っており、『学記』という本の中でも『学びて然（しか）して後足らざるを知り』とあるのを見ると、**人間は自分の足らざるを知って、これを心から恥じるようになることこそが、**

志ある者の尊い態度であると言えよう」。

当時の私は父親の解説が今ひとつ理解できなかったが、「うぬぼれの心を持ってはいけない」ということだけはわかったような気がした。

父はまた、私の著書の書評はもとより、雑誌論文に至るまで丹念に集めてはファイリングし、自分の所感を一筆加えては私に送ってくれるのだった。「**息子の成長過程の収集家**」をやってくれたのだ。

父の墓は秩父市にある。お盆とか何周忌だとかいう世間常識にこだわらずに、私は親父と話したくなったら、妻と連れ立って手を合わせに行く。

「親父よ、俺は約束を守ったぜ。姉夫婦とは絶縁状態になったが、親父との約束を守ったことが、俺の人生の誇りだよ」とつぶやくこともある。

父から最後にもらったのが、次の3つの言葉だ。

「深海に生きる魚族のやうに、**自らが燃えなければ何処にも光はない**」（歌人・明石海人の言葉）、「**一時の懈怠（怠け心）が一生の懈怠につながる**」、そして本書で何度も触れた「時間と命には限りあり。されど、我が知には限りなし」である。

これらの言葉は、今でも一匹狼の私の熱烈な応援歌となっている。もっともっと話しておけばよかった。今はただ、泣けるほど懐かしい。

父の愛は過保護だったが、私の3人の息子に対する愛は、それより劣る無保護そのものだったと思う。すまない。

55 孤立を恐れず信念を貫く。負けるとわかっていても戦うべき時は戦え。

修羅場は必ず来る

ビジネスパーソンには、自己を主張しなければいけない「ここ一番」がある。それがいつなのか、どんな修羅場になるかは、人それぞれだろう。ただ、今は平穏でも、いつかはリングに立たされる時が来るのである。それは避けられない。

部下の身で、上司や管理職の誤りを正したり、批判したりするのは勇気のいることだ。結果が吉と出るか凶と出るかは、それを受ける上司の度量にかかっている。もし上司が批判と受け止めず、「喧嘩を売るのか」と怒り出せば、上司に部下は勝てないのであり、以後の会社人生は暗澹（あんたん）たるものになる。

誰だってそれは怖い。我が身の可愛さが先にくるのが当然である。**自分に正直に筋を通すためには、それなりの覚悟と勇気がいる**ということなのだ。

でも、あえて言わせていただくよ。**批判するなら孤立を恐れず、「会社のために」を貫け！**

がキーワードだと。

かつて、評論家・福田恆存氏は、「**教養とは、節度である**」と言った。自己抑制して他人の意見に耳を傾けるという意味での教養を持っていないと、会社のトップはゴマスリに囲まれて「裸の王様」になってしまうのだ。

さて、批判精神を持てなどと偉そうに言う私だが、それを真っ向からやってしまったばっかりに、会社勤めのある時期、重役から「反乱軍」呼ばわりされたことがあった。

もう時効だから本音で書かせていただく。

上司の補佐として出席した定例管理者会議の席上で、オブザーバーとして出席した取締役人事常務が、怒髪天を衝く（けわしい形相で激怒する）様子で「守谷君、君の編集している新聞『道標』は、不満分子を養成しているのかね」と、私を叱責したのだ。

53項で述べたように、『道標』とは、平均年齢が21歳という若い会社のために教育的社内報を作れという常務の命令で始まったものだ。

現代のようなＩＴ機器は影も形もない時代で、企画、編集、撮影など、何から何までアナログ的に私一人で担当していた。

だが、２年経過してから、工場から２～３名の若い社員が編集委員として、主に現場の情報提供を中心にアシストしてくれるようになっていた。

昔気質（かたぎ）の常務の逆鱗に触れたのは、私が書いた次の文だった。

「企業における和は、表面上の見せかけの和であってはいけない。自分の意見を素直に言い、人の意見も聞く。共通点を見つけ、悪い点があればみんなで直していくところに本当の和がある。**長い物には巻かれろ式に口を閉ざして、ウチは調和が取れているんだと考えたとしたら、技術革新下の経営には後れを取ってしまう。**（略）世界は小さくなってきた。昔の丁稚奉公（でっちぼうこう）感覚で、『お前はいい奴だから面倒を見てやろう』では、現代という船から乗り遅れてしまうだろう」

常務の怒りは半端じゃなく、「君のしていることは反乱軍と同じだよ。下克上（げこくじょう）だ！」と情け容赦ない言葉が雨あられと降ってきた。

常務の様子を見て、出席者は一様に下を向いたまま。唯一、望みを託していた上司からも、一言の援護もない。

腹の虫が収まらないワンマン常務のワンマンショーが続く中、当時26歳だった私は、腹をくった。こう反論したのである。

「不満と批判は違うと思います。私は**上の指示命令にただ従順なイエスマンは、いざという時、会社に役立つ人間だとは思いません**」

この1分間たらずのやり取りが、私にとっては自分の信念に妥協しない孤独の戦いであり、今

孤立を恐れず信念を貫く。
負けるとわかっていても戦うべき時は戦え。

にして思えば、13年間の会社員生活の中で命を懸けた「ここ一番」であった。

会社村の論理に染まるな

私の発言は、今だったら当たり前のレベルだったかもしれない。しかし、当時は下意上達のコミュニケーションなどとんでもないという時代だった。

怖いもの知らずだった私は、青臭い正論を振りかざして、人事権を持つ常務に盾(たて)を突いた。お陰で私は、出世とはとことん縁のない人間になった。ついに係長止まりだったのだ。

けれども、今振り返っても、いささかの後悔もない。人生、ここ一番で主張しなければならない時は、たとえ経営幹部の不興を買うことがあっても、腹をくくって主張すればいい。するべきである。そういう信念に、昔も今も変わりはない。

「ここ一番？　避けて通れるじゃん。経営幹部には勝てっこないのが組織っていうものでしょ？　逆らうなんて無謀だよ」などとしたり顔をして妥協の論理で自分を慰めるようなヘタレ人間は最低だ。**会社村の論理に身も心も染まってしま**

うほど怖いことはない。

「争わない」「ハメを外さない」「うまく振る舞う」といった優等生的な処世術が習慣になると、脳ミソが安全圏の中で居眠りし始め、錆びつく一方になる。最後にはバカになるだけだ。

もしかすると明日にでも、君の闘いのゴングが鳴るかもしれない。人生たるもの、闘いは避けて通れないものと腹をくくることだ。**自分がノーであったら、ノーときっぱり本音で話す。**これが自分を持つことの第一歩だ。年齢に関係なく、自分の主張を持つことは大切なことなのだ。

「前後際断」という禅語がある。前際（過去）と後際（未来）は断ち切られている。過去にとらわれるのは愚かであり、未来を不安がるのもまた愚かである。どちらにもとらわれることなく、今、ここを生きよという教えだそうだ。

生きている時は生き切る。死ぬ時は死に切る。私の人生、これでいいと思っている。

もう1つ言う!

次の3つのライフポリシーを確立していただきたい。

❶ **私はなんのために生きるのか（使命感）**

❷ **どのような心構えで生きるのか（人生観）**

❸ **日々どう生活し、どう行動するのか（行動基準）**

これを確立していないと、場当たり主義の生き方になって、大きな流れに翻弄されるだけになる。その先に待つのは「本当の自己」の喪失ではないか。

56 私の恥かき人生、ここまできました。これからも生き続けます。(年代別行動プラン)

自分の人生の脚本は自分で描く!

毎年、新しい年は始まる。

その都度、君の人生100年時代の新しいページが開かれるわけだ。えっ、100年? そんなに生きるのか? そうです。君にはまだまだ生きてもらいますので。

ところで、**「人生100年」の言葉の震源地は、英ロンドン・ビジネススクールのリンダ・グラットン教授らの著書『ライフシフト 100年時代の人生戦略』である。**

今や、一企業一生涯の時代ではないのだから、人生をいくつかに区切って設計していけばよい。

そこで、君に聞きたい。新しい年を迎えるにあたって、君は行動目標を立てていますか? と。

今は、SH(セルフ・ヘルプ)の時代とも言われ、**自分の人生の脚本は自分で書くことが必要だ。**

それにあたり、人生の長期予想は必要だが、状況が変化するたびに、目標や設計を変えていくことが重要だ。

そこで、「人生を俯瞰して、『やるべきだ』と思ったことを、今日も一つする」から始めるとしよう。

自分がやるべきこと（今と将来にわたって）が明確にわかっている人は幸せだ。「今のことだけで精一杯」という人も、人生は一回限りという真実を直視して、「**自分の人生を俯瞰すること**」**をしてみてはどうだろう**。「**私はこういう方向で、こんな仕事を残したい。そのためには、何歳ではこれを、何歳までにはこれを達成しなければならないな……**」「**ここまで達成できたら、私の人生ハッピーリタイヤメント**」など。

「**ここまで」とは何かを考え、そして、考えるだけでなく、「明日のための、その1、その2」を着実に行動に移すことだ。たとえ少しでも〝毎日続けて〟に勝る自己鍛錬法はないのだから。**

人生設計を持って生きられる人は、意志の強い人だと言われる。確かに、そういう人もいるだろう。でも、**私に限って言えば、意志が弱いからこそ、詳細な設計が必要だった。ともすると、怠けやすく、挫折しやすい自分を束縛する基準（設計）を作り、必死になって自分を律することが必要だったのだ。**

そこで、どんなことを、いつまでに、どんな方法で、どこまでやるのか、といった君の**年代別行動基準**を作ってみるのだ。そこで、恥をかくのを承知の上で、我が人生の今までとこれからの年代別「行動基準」を振り返ってみることにしたい。

私のビジネスマンとしての第一歩は、東京三洋電機（今は存在しない）から始まった。現場でのものづくりを数年体験した後、人事、労務、教育訓練課、社長室勤務を経て、35歳でフリーランサーとして独立。現在に至っている。

これが、私の年代別行動実績だ

30代　↓　恥かき、汗かき、物書きの三カキ主義で自分をアピールする時期　▼売り物はひたむきさと行動力。そのためには仕事の依頼についてはNOナシ（断りナシ）コンサルタントを目指すこと　▼お辞儀をしよう、名前を売り、覚えてもらおう　▼子育ては女房任せを宣言　▼辛いとき、昔の仲間（会社時代）のところへ行って愚痴をこぼすのはやめにしよう（後ろを振り向くな！）　▼年収は会社時代の3倍とする（お客さんはお金と思え！）

40代　↓　オンリーワンの売り物を磨く時期　▼自分のオンリーワンの売り物をつくる。そのためには、「守谷流　合宿訓練」で特徴を出そう（講師と受講生が車座になり、本音を話し合う現代版寺子屋教育を目指そう！）　▼自分の人生観、職業観が一目でわかる守谷語録（「何もしないで取り澄ましている人間より、何かをして恥をかく人間になる」など体験に基づくもの。その一部）を刷った名刺を配ろう（言行一致を貫き通す）　▼オンもオフも関係なく、24時間戦略頭脳を敷き、非常識と思える努力をやってのけ、決して疲れない精神力と体力をつける（「体力なき知性は長続きしない」をキーワードにする）

50代　↓　顧客の信頼を第一に、リピーターを増やす時期　▼守谷語録の言行一致を貫き通すことで信頼を得る　▼固定客の確保（リピーターを増やそう）　▼体力維持のため、生活の中にラジオ体操、自己流筋トレ、縄跳びなどを取り入れる（体の柔軟性で受講生に負けたら即引退を研修の場で宣言する）▼合宿研修では定員30名

60代 → いつ会っても新鮮！ を売る時期 ▼感謝・感動を忘れることがないように ▼仕事、睡眠、食事、運動、休養のバランスをとる（老け顔にならないように表情筋やボイストレーニングを毎日継続する）▼**仕事は頭でやるのではなく、体でやる！ をキーワードに、人の1・5倍、2倍は働く。**もういいや、と思うな ▼新規顧客開拓（顧客はいつ伝家の宝刀を抜くかわからない（「君はいらない」）を肝に銘じる。

70代 → 毎日が初心、の時期 ▼新規顧客を大切に、リピーターにつなげる努力をする ▼固定客の研修が「安心」「慣れ」にならないように、毎回、研修内容のイントロと終わりの部分を変えてみる ▼運動、筋トレ（早朝5時30分より15分、夕方は4時から5時の60分）の類は、量より質への転換 ▼**「慢性」「慣性」「惰性」の3性病にかからないこと（ウォーキングのコースも3日に一度は変えてみる）**

80代 → 後先考えず、やれるものは今やっておく時期（ムリがきくうちはムリをする） ▼「今日が誕生日。一からスタート」をキーワードにする ▼年相応にという世間の甘い声は馬耳東風と聞き流し、「声」（ボイストレーニング）、「顔」（表情筋訓練）、「頭」（本を読む）に刺激を与え続ける（月に1回の研修でも最高のパフォーマンスが発揮できるように準備する）▼命懸けで作成した研修資料の見直しする箇所を発見（世に言う断捨離はできない、やらないことを家人に告げる）▼小説、エッセイの執筆準備

いつだって「新しい自分の始まり」だと思ってやってきた

以上が研修大好きで、一生を棒に振っても微塵（みじん）の後悔もしない私の恥さらし人生だ。若年層教育は守谷、とセミナー業界で引っ張りだこの輝いていた時もあった。傲慢な態度をとったため、客が離れていった時もあれば、仕事がなく、会社の社長に「仕事を下さい」と土下座をした絶望の時もあった。

私は50年、今の仕事を継続しているが、一度たりとも講演の仕事や研修の仕事で満足感に浸ったことなどない、と言ってよい。自信はおろか、いつも緊張と不安の感情が交錯し、経験を積むたびに、自分に不足している課題に気づくことが多いからだ。その都度、次回こそはという執念を持ち、失敗したとしても、もっと努力することで挽回できるかもしれないと信じて、ささやかな努力を続けてきたら、いつの間にか50年もの歳月が経っていたというのが正直な実感なのだ。

こんなわけだから、家族（妻、子供）からの評価たるや「仕事をとったら、何も知らない、できない、ただの世間知らずのご老人」といった酷評そのものである。しかし、私はそんな外野の声は馬耳東風（ばじとうふう）。自分で言うのは気が引けるのだが、この50年間（いや、これからも）、まがりなりにもやってこられたのは、**私自身いつも「今日が誕生日。一からスタート」の言葉をキーワードに〝新しい自分の始まり〟と信じ、「あきらめない情熱」を道連れにしてきたからだと思う。**

それにしても、私の人生、生身を削る思いの連続だった。もし、お金を稼ぐことだけが目的だったら、こんなしんどい仕事、もうとっくに辞めている。だが、リタイアして、孫相手のいいおじいさんと言われる日を送ったならば、私自身が崩壊してしまうのではないかと心配である。そう感じている限りは、モチベーションを失うことはないし、適度な緊張感を持って生きることができる。

この世に私の教育を必要とする人が1人でも2人でもいる限り、生涯現役としてお役に立ちたいと思う。どうやら、終わりの美学（?）、私には関係ないみたい。

もう1つ言う!

夢を見るだけなら、誰にでもできる。夢をどうやって実現していくか、そのシナリオは自分でつくれ。人生の主演は自分なのだから。

守谷語録Ⅵ

□ どこまで貪欲になれるかが**自分との勝負**の分かれ目になる。

□ **困難は人の真価を表明する機会である。**

□ 自信は無傷で手に入れられるものではない。何度もつまずいたり、スランプに陥ったりしながら、それをたくましくくぐり抜けることができた者だけが手にできる。だから自信は、いつだって**かすかな傷のにおい**がするものだ。

□ **「右にならえ」**ではなく、**「上にならえ」**の人になる。自分のエネルギーベクトルを上に向け、常にグレードアップを考える。

□ 人は新しい目標を失った時、スランプに陥りやすい。

□ 後先考えていたら、すぐに一生は終わりだよ。

□ 昨日と同じ今日は退歩を意味する。人は向上心を失った時、若さと未来を失う。

□ 理屈より熱っぽさを持て。

□ 人間、何もしないことが最大のリスク。

□ 30代は、恥かき、汗かき、自分をアピールする時期。40代は、オンリーワンの売り物を磨く時期。50代は、顧客の信頼を第一に、リピーターを増やす時期。60代は、いつ会っても新鮮！を売る時期。70代は、毎日が初心の時期。

□ 人生、やってみなければわからないことは、やってみよ。**100の理論より1つの実践**である。転んだ石は飛躍への踏み台になることを忘れるな。

□ **周囲の期待に合わせすぎるな。**

□ ストレスに勝つためには、**行動**せよ。不安は行動によってのみ解消される。

□ 最も重要な仕事以外は**あっさり捨てる**ことも大事だ。

□ 「後でじっくり読もう」と思った情報は、結局は使えない。必要、不必要を、**その場で即**、見きわめよ。

□ **時間をかければいい仕事ができる**と思い込んでいる人は時間生産性の意識が低い。

あとがき

「思へば遠く来たもんだ」は詩人・中原中也の詩の一節、「思えば遠くへ来たもんだ」は海援隊の歌の題名ですが、私の場合は、「思えば長く続いたもんだ」が実感です。

研修講師という仕事に身も心もどっぷりと浸かって50年、不器用ながらわき目もふらず、後ろを振り向く暇もなく、がむしゃらに突き進んできました。

私は、教育は１回限りの創造であり、創造しては壊し、また創造する繰り返しだと思っています。研修で、時に「前回うまくいったネタで、今回も成功させよう」などと手抜き発想を抱いても、本番になったら、なぜかうまくいきません。

その理由も、私のスキルや人間性が未熟であること以上に、教育が１回限りの創造であるからでしょう。

ともあれ、勝手気ままに生きた常識知らずの男を支えてくれた、よき人間関係に感謝、感謝であります。

本書は雑誌『ＳＥＮＳＥ』に２０１３年11月号から現在も連載している拙稿「男のリーダーシ

ップ」を編集し、大幅に加筆、改筆したものです。

まずは、男性ファッション誌の連載としては冒険ともいえる「男のリーダーシップ」に、なんの制限を加えることもなく自由に書かせてくれた株式会社センス社長の守谷聡氏の懐の深さと度量の大きさに心から感謝いたします。また、このたび、稀代の読書家として著名であり、幻冬舎の社長である見城徹氏に出版のチャンスをいただけましたことは、私にとって無上の喜びでございます。ありがとうございました。

さらに、アールズ社長の吉田宏氏、幻冬舎の編集局次長の袖山満一子氏には、拙稿の構成、企画、編集全般にわたり、ひとかたならぬお力添えをいただきました。

連載中も、また本書でもすばらしい仕事をしていただいたデザイナーの武田昌也氏、イラストレーターの浦野周平氏にも拝謝いたす次第です。

小林鋭次氏（静岡県東部生産性本部顧問）には、独立以来50年の長きにわたり、講師という訓練の場を与えていただき、ただただ感謝の気持ちで一杯です。ありがとうございます。

さらに、時代遅れの男の独りよがりの独善に最後までおつき合い下さいました読者諸氏の寛容の精神には、お礼の言葉もありません。

本音を申せば、本書は時代遅れに見えて、実はそうではないと自負しております。時代を超えてビジネスパーソンにつきまとう普遍的な問題、課題に対する1つの答え、価値観を提示したものだと思っているのですが、その是非は読者諸氏の判断を俟（ま）つのみであります。

最後に、戦友として、嬉しい時、悲しい時、ともに闘い抜いてきたわが妻・恒子にも、遅ればせながら、心から「ありがとう」と伝えたい。

締めくくりの守谷語録はこれです。

君よ、人生に「もういいよ」なんていう妥協はするな。

常に背伸びして上を目指せ。

背筋を伸ばし、前を見て速足で歩け。後ろを振り向くな。

孤独の中で自分の人生を考えて、気配りのできる礼儀正しい男として生きよ。

「何も起きないことを希望するよりも、何が起きようとも、私にはそれが処理できるし、それを切り抜けてみせる」と力強く、そして常に、自分に言い聞かせよ！

参考文献

本書の執筆にあたり、次の書籍、雑誌、新聞、テキストなどから貴重な示唆やヒントをいただきました。厚くお礼申しあげます。

書籍

『新約・中国古典抄　聖賢のことば』五十澤二郎　緑園書房

『プロ管理者になる100枚の実行シート』笠巻勝利　中経出版

『管理者100の行動シート』芝崎篤義　日本能率協会

『人生に感じる47の言葉』志村ゆう　東洋経済新報社

『異常児の教育』ジルベール・ロバン　吉倉範光訳　白水社

『平成社員道』染谷和巳　プレジデント社

『対立の経営学』ソル・M・デビッドソン　小林薫、小原肇訳　実務教育出版

『40歳までに卒業する50のこと』田中和彦　廣済堂出版

『成功発想10の鍵』デニス・ウェイトリー　小林薫訳　実務教育出版

『革命家吉田松陰』寺尾五郎　徳間書店

『野心のすすめ』林真理子　講談社

『とっさの語彙力』話題の達人倶楽部編　青春出版社

『菜根譚の教え』湯浅邦弘、皆木和義解説　ダイアプレス

『会社を踏み台にする生き方』吉越浩一郎　マガジンハウス

『デッドライン仕事術』吉越浩一郎　祥伝社

『朝イチでメールは読むな！』酒巻久　朝日新聞出版

『現代の帝王学』伊藤肇　プレジデント社

雑誌、新聞、テキスト

『月刊リーダーシップ』一般社団法人日本監督士協会

『日経WOMAN』日経BP社

『中堅社員アドバンスコース・テキスト』静岡県東部生産性本部

『行動人』株式会社ジェック

拙著

『リーダーシップが面白いほど身につく本』守谷雄司　中経出版

『リーダーシップの法則』守谷雄司　千舷社

『話すセンス』守谷雄司　中央経済社

『「ものわかりのいい上司」をやめると、部下は育つ！』守谷雄司　PHPエディターズグループ

『介護リーダー　「部下育成」の教科書』守谷雄司　経営書院、他多数

ブックデザイン　武田昌也
イラスト　浦野周平
協力　守谷 聡

著者略歴

守谷雄司

人材育成コンサルタント。

1937年生まれ。國學院大學文学部を卒業し、東京三洋電機株式会社に入社、社長室にて能力開発プロジェクトチーフとして活躍。

1971年に人材育成コンサルタントとして独立し、以来50年にわたり、人材育成と社員教育のための講演、合宿研修、執筆などで活躍。日本生産性本部、静岡県東部生産性本部の講師を務める。

合宿研修一筋の草分け的存在であり、若手・中堅社員を対象にした2泊3日の合宿研修は「頭を磨く」「心を磨く」「体を磨く」をキーワードに、ボイストレーニングや筋力トレーニングを取り入れ、自ら率先してトレーニングにあたる。

2000年より、ファッション誌『SENSE』を発行する出版社、株式会社センスの顧問も務める。

勝負できる思考と体を作る

ビジネスの本質

2021年5月10日　第1刷発行

著　者　守谷雄司
発行人　見城　徹
編集人　菊地朱雅子
編集者　袖山満一子　木内旭洋

発行所　株式会社　幻冬舎
〒151-0051　東京都渋谷区千駄ヶ谷4-9-7
電　話　03(5411)6211(編集)
03(5411)6222(営業)
振替00120-8-767643
印刷・製本所　株式会社　光邦

ISBN978-4-344-03772-4　C0095
幻冬舎ホームページアドレス　https://www.gentosha.co.jp/

この本に関するご意見・ご感想をメールでお寄せいただく場合は、comment@gentosha.co.jpまで。